KB010615

돈이 되는 부동산
독이 되는 부동산

땅 부자
늘고

돈이 되는 부동산

독이 되는 부동산

집 부자
줄고

김현기 지음

무한

집 부자가 줄면 땅 부자는 늘어날 수 있다. 집 부자가 줄어들 때 땅 부자가 늘어나는 기현상이 일어날 수 있는 이유는 집은 공급과잉의 대상물이지만(지상물이므로) 땅은 절대로 공급과잉 대상물이 될 수 없기 때문이다.

또한 집값 상승률과 땅값 상승률의 성격은 확연히 다르다. 집값 상승률은 들쭉날쭉 종잡을 수 없다. 단기간 내 온탕과 냉탕을 오간다. 그러나 땅값 상승률은 어떤가. 상승곡선이 수개월 간 지속되는 건 예삿일이다. 그 상승세는 현재까지 수년간 이어지고 있다. 풍선효과도 무시할 건 아니다. 그래서 집 수요자가 땅 수요자로 변심도 많이 한다.

집값의 기준이 되고 있는 부동산 1번지 강남 3구의 집값 위력은 무섭다. 재건축시장 주변 집값은 미친 지경이다. 평균적으로 서울 집값은 6억 원을 호가하기 때문에 집 마련 포기, 혹은 장기 연기자가 급증세다(집값 부담으로 결혼을 포기하는 젊은 남자들도 적지 않은 게 현실). 장기 연기가 곧 포기를 의미한다는 것은 의미가 있다.

서울 인구 1000만 시대가 끝났고 인구 감소세가 심한 가운데 서울 집값거품 증상은 멈출 길이 없다. 이는 경기지역의 인구가 증가할 수 있는 강력한 잠재력이 될 수 있다. 또 실수요 겸 투자 목적으로 땅을 매수하는 사람이 증가하고 있다. 전원시대, 귀농시대, 장수 및 힐링시대는 경기도 인구를 적극 자극한다. 서울은 힐링 공간이 될 수 없지만, 경기도는 힐링 공간으로 적격이기 때문이다.

사람들이 경기지역으로 몰리는 이유는 2가지이다.

1. 서울 집값보다 훨씬 저렴하고 서울과의 접근성이 높다.
2. 도시생활과 시골생활을 함께 맛볼 수 있다.

경기지역으로의 내 집 마련자가 급증하고 있는 상황에서 눈여겨볼 만한 사안은 '땅값 역동현상'이다. 투자자는 실수요자 동력을 보고 움직인다. 실수요자가 급증하면 당연히 각종 편익시설물들도 급증하게 되고, 현장감도 높아진다. 이에 땅 투자자가 급증할 수밖에 없다. 땅값에 날개를 단단히 달 게 분명하다. 경기도 땅값이 떨어질 수 없는 이유는 다양하다. 그 다양성에서 잠재성을 모색할 수 있다. 이는 안전한 투자처가 경기지역이라는 뜻 아닐까?

독이 되는 부동산과 돈이 될 만한 부동산의 기준은 다양할 수밖에 없다. 부동산 상황은 시시때때로 변한다. 부동산 정책은 부동산 정보가 아니다. 동일한 수준으로 접근하면 안 된다. 우리나라의 부동산 정책은 생명력과 지속력이 약하고, 변수가 생길 가능성도 높다.

부동산 정보는 부동산 성질과 관련 있다. 변수 크기가 크지 않을 뿐더러 변수가 일어날 확률이 매우 낮고 안정적이다. 돈이 되는 경우는 잠재성이 살아 숨 쉴 때이고, 독이 되는 경우는 시간이 지난 정보가 마치 정보력 높은 양 요란을 떨 때이다. 독이 되는 부동산은 그 부동산의 성질을 모를 때 생긴다. 악연이다. 돈이 되는 부동산과는 부동산의 역량과 성질을 제대로 파악할 수 있을 때 좋은 인연이 될 수 있다.

역세권 개발이나 신도시 개발의 대상지는 '절대농지'와 '맹지'다. 절대농지(농업진흥구역)와 맹지를 개발대상지로 선정한 이유는 하나다. 개발비용을 절감하기 위해서다. 해당 지역 지주들에게 지급되는 토지보상비를 통해 비용을 절감하는 것이다. 사업비용이 절감된다는 것은 개발계획 및 진행속도가 그만큼 빨라지고 용이해진다는 것을 뜻한다. 절대농지나 맹지가치를 시세가 아닌 개별공시지가로 따져 환산하다 보니 지주들 불만이 크다. 그러나 대형 평수를 가지고 있었던 지주들 가운데에서 벼락부자도 속출한다. 그래서 집 졸부 대비 땅 졸부가 상대적으로 많다.

1~2차례 수용절차가 끝나면 개발진행속도가 빨라질 수 있다. 이때 가장 많은 투자자가 발생한다. 개발청사진의 냄새를 맡고 기웃거리는 가수요자 수가 고정인구의 2배 이상 발생하는 경우도 있다. 개발청사진이 사람을 부르는 것이다. 땅값 폭등과 거품 현상이 일어날 수밖에 없다. 인근 부동산업소에 문의전화가 늘어나기 때문에 거품이 주입되지 않을 수 없는 것이다. 지가변동이 심하다.

이때에는 수용방식인지, 환지방식인지가 중요한 게 아니다. 개발은 변수가 많다. 그저 내가 살 땅이 수용대상인지 아닌지 그것만 알고 있으면 된다. 수용 및 환지를 적극 수용하는 절충방식이 대부분이기 때문이다. 수용 대상 땅들의 동태는 일간지 공고와 해당 자치단체를 통해 알아보면 된다.

땅 수요층이 넓어지고 있다. 본격적인 전원시대, 장수시대로의 입성과 무관치 않다. 과거에는 시골생활에 지친 자들에게 도시생활이 로망이었지만(말은 제주로, 사람은 서울로), 지금은 도시생활에 지친 자들이 시골생활을 그리고 있다. 고향으로 회귀하는 인구도 급증세다. 귀농생활을 꿈꾼다. 지자체에서 적극 알선하고 있고, 국가 정책적으로도 그 수를 늘리려는 눈치다.

요즘은 노인도 땅을 산다. 농지와 임야 주인이 자주 바뀐다. 장수시대이기에 가능한 시나리오다. 땅 매수 연령대가 넓어지고 있다. 노인인구가 전체 인구의 14%를 차지하나, 그 수가 날로 증가하는 추세다. 전원주택을 짓기 위해 산을 깎고 농지를 정리정돈하는 현장에는 노인이 항시 있다.

현장답사를 하면서 20대와 60대를 함께 만날 수 있다. 60대 땅 투자자와 40대 땅 투자자 비율이 거의 비슷하다. 이는 과거의 40대가 작금의 60대라는 의미다. 지금의 60대가 과거 40대 머리와 사고를 가지고 있다. 즉 20년이 젊어졌다는 것이다. 토지수요층이 20년은 더 증가할 수 있다는 의미다. 강산이 두 번 변한 만큼의 큰 변혁이다. 사회 및 경제활동인구의 동력이 그만큼 확장되었다는 증거다.

비경제활동인구를 65세 이상으로 정한 게 현실적이지 않아 지하철 무임승차제도도 바뀐다는 소식이 들린다. 68세 노인이 40대 사고를 갖고 땅을 알아보는 세태라서다. 물론, "이 나이에 무슨 땅이냐!"고 노발대발하는 노인도 분명 있다. 사고의 차이가 곧 빈부 차이다. 이건 무시할 수 없는 진리다. 긍정과 부정 사이에서 길을 제대로 찾지 못하는 자도 있다. 기왕이면 긍정이 더 낫지 않을까. 긍정의 힘이라는 말은 있지만 부정의 힘이라는 말은 절대 없다.

이 책을 통해 부정과 긍정, 부자와 빈자의 차이를 스스로 극복하고 모색할 수 있는 계기를 만들어보는 건 어떨까?

-김 현 기

목차

돈이 되는 투자를 하자

PART 02

독이 되는 투자는 피하자

복이 되는 부동산

덕이 되는 부동산

부록

PART
01

돈이 되는
투자를 하자

투자의 원칙과 변칙

왕초보들에게 드리고 싶은 말씀

초보자에게 당장 필요한 건 투자에 관한 올바른 인식이다. 성공하는 방법을 알려고 노력하기보단 실패 안 하는 방도를 모색하는 과정을 밟겠다는 강한 의지가 필요하다. 부동산 초보자는 아이처럼 전진만 고수한다. 자체 내 브레이크 장치(자제력)가 없어 뒤와 좌우, 그리고 하늘을 볼 수 있는 여력이 부족한 것이다. 전진만 고수하는 건 하수의 전형이다. 수익률부터 노려본다. 안정성은 뒷전인 채 성공만 바란다.

초보자에게 실패율을 줄이는 스킬이 필요한 이유는 우리나라 부동산 사정 때문이다. 규제 온상이 바로 대한민국 국토 아닌가. 공장 하나 짓는데 개인의 영혼까지 팔아야 할 지경이다. 돈으로만 해결

될 문제가 아닌 것이다. 규제 공부가 철두철미하면 실수할 확률이 낮아질 것이다. 맹지천국 대한민국 국토 사정상 맹지 공부 역시 올바르게 하지 않으면 안 된다.

유명한 과학자들의 공통점은 여러 번의 실수와 착오 끝에 비로소 성공을 거두었다는 점이다. 부동산을 공부하고 분석하는 이유는 실수를 줄이기 위한 것이다. 실패가 두려움의 대상은 아니다. 안전망 확보를 위한 노력은 반드시 필요하다. 하늘도 한번 바라볼 수 있는 여유도 필요하다.

전국에 미분양 아파트가 전국적으로 고루 퍼진 이유는 아파트 키가 점점 커가고 있기 때문이다. 시대에 역행하는 것이다. 건폐율과 용적률보다는 공실률에 대한 집중도를 높이는 게 우선이다. 큰 부동산(중대형)과 작은 부동산(중소형)의 성격을 올바로 인식할 때다.

인천 국제신도시 인근의 키 큰 부동산은 여전히 빈 상태다. 오는 2020년 각종 편익시설이 들어오면 빈 공간이 채워질 수도 있지만, 비싼 분양가 때문에 범민들 입장에선 아직도 눈높이가 맞지 않다. 작은 부동산이 유리한 이유는 전체 인구가 감소하고 소형가구가 기하급수적으로 증가하기 때문이다. 특히 혼자 사는 출산가능인구의 증가세가 공실률을 높이는데 큰 영향을 주고 있다. 다양한 소형가구가 다양한 소형부동산 구조를 조성하는데 지대한 영향력을 행사하고 있는 것이다. 녹지공간은 커지고 주거공간은 작아지고 있는 실정이다.

투자는 지식으로 하는 게 아니다. 투자의 무기가 곧 지혜이기 때문이다. 지혜는 판단력을 의미한다. 잠재력의 의미를 견지할 만한 힘이 없다면 만족도 높은 투자를 할 수 없다.

판단력(지혜)

잠재력(부동산만의 매력이다.)

변별력(희소가치와 잠재가치를 구별)

자제력(돈의 유지력이 없다면 큰일이다.)

좋은 땅의 기준

좋은 사람의 기준이 제각각일 수 있듯 좋은 땅도 그 기준이 디앙하다. 그러나 기본 수칙은 존재한다.

1. 인구 상태(주거 및 고정인구)
2. 인구의 질적 가치

집 매수처 기준과 땅 투자처 기준은 다르다.

땅 투자자는 1, 2와 더불어 인근 지주의 개발능력과 역량, 역할도 중요하다.

집 매수자도 1, 2 모두 중요하나 상황이 다르다. 땅 투자자보다 인구의 다양성에 예민한 편은 아니나, 인구의 질적 가치에는 예민한 편이다. 노숙자가 많은 동네의 삶의 질이 높을 리 만무하다.

배우자를 선정하는 기준(능력, 성격, 재산 등)은 다양하다. 마찬가지로 땅 선정 기준 역시 여러 가지다. 가격이 싸다는 것이 결정적인 이유가 될 수 있고, 가격이 비싸다는 것이 선택의 이유가 될 수 있다. 개발청사진의 화려함과 다양함에 혹해 투자처를 선택하는 경우도 없는 건 아니다. 요지는 사람(과 시간)에 투자하는 게 땅 투자이고, 환경(과 공간)에 투자하는 게 집 투자라는 것이다. 하나는 환금성에 지배받는 구조이고, 하나는 편익성과 공유성 등에 지배받는 구조이기 때문이다.

좋은 땅의 정의는 다양할 수밖에 없다. 나쁜 땅이 존재할 수 있기 때문에 좋은 땅도 존재할 수 있는 것이다. 좋은 땅은 나쁜 땅과 붙어 있다. 좋은 땅의 가치는 나쁜 땅의 가치에 큰 영향을 받는다. 좋은 땅은 인근의 나쁜 땅 때문에 더욱 빛난다.

맹지 속에 비맹지(완성도 높은 땅)가 공생한다(맹지를 지레 겁먹을 필요 없는 이유다). 맹지 크기와 비맹지 크기를 비교할 때 맹지 크기가 훨씬 클 수밖에 없기 때문이다. 맹지(녹지)는 상업지와 공존하고, 개발지는 미개발지와 공존한다.

개발지와 미개발지의 차이점은 '사람의 차이'다. 좋은 땅의 기준은 다양하나, 좋은 땅은 사람과 깊은 관계가 있다. 그렇다고 무조건 사람이 몰린다고 좋은 건 아니다. 지역 인구증가율보다 더 중요한 사안이 있다. 범죄율과 자살률 성적표다. 범죄율은 입지현황과 무관치 않으며, 자살률 역시 마찬가지다. 삶의 질과 인구의 질적 가치가 정비례하기 때문이다. 살기 편한 공간이 다양하다면 실수요 가치와 더불어 투자가치는 극대화될 수 있다. 전원 및 장수 시대에 오지를 무시할 수 없는 이유다. 도시보단 시골이 힐링공간으로 제격이다. 웰빙생활을 도시생활이 대변하는 경우는 없다. 웰빙공간에서도 오지에서도 좋은 땅은 있다.

환금성이 높은 부동산의 특징은 인구의 질이 높다는 점이다. 경제인구 증가율이 높다면 가치가 높겠으나, 그 반대로 경제인구 유출현상이 심하게 일어난다면 큰일이다. 경제인구가 급증하는 곳엔 수요자 역시 젊은 사람이 될 수 있다. 실수요 위주의 은퇴 인구보단 투자 위주의 지역 잠재성을 모토로 움직이는 젊은 인구가 부동산 환금화의 질을 높이는데 큰 역할을 한다. 정리하면 좋은 땅의 기준은 다음과 같다.

1. 용도변경 가능성이 높은 땅
2. 고정인구 증가현상이 일어날 가능성이 높은 땅
3. 개발입지(위치)가 좋은 땅

집보다 땅의 잠재성이 더 높다. 땅값상승률이 집값상승률보다 더 높은 건 땅은 환골탈태할 수 있지만, 집은 일부분이 변하기 때문이다. 땅의 경우는 용도지역변경, 변화현상이 일어나나, 집의 경우는 용적률이 약간 상향 조정될 뿐이다. 땅은 무(땅)에서 유(건물)를 창조할 수 있다. 변화의 폭이 넓은 만큼 가격 상승폭 역시 크다. 땅은 지주가 땅값을 정하면 주변 시세가 된다. 그래서 집주인보다 더 유리한 위치에 있다.

땅 투자지역의 종류

땅 투자지역을 선택하기란 쉽지 않은 일이다. 자세히 나누다 보면 헷갈려 투자 전선에 접근조차 할 수 없기 때문에 크게 3가지로 나누어 보았다.

1. 광야(텅 비고 아득히 넓은 들)에 투자하는 경우

싼 맛에 들어갔다가 쓴맛을 보고 나오는 경우가 매우 많다.

2. 천연기념물(희소가치 높은 아이 인구)에 투자하는 경우

노인 인구 대비 아이 인구의 희소가치가 높은 건 당연한 것이다. 젊은 인구수를 보면 개발 가능성이 보인다. 아이 인구가 명품 땅임을 적극 대변한다.

3. 지상물을 보고 투자하는 경우

실수요가치와 투자가치는 정비례한다. 실수요가치가 곧 명작의 대명사다. 예술적 가치가 높은 경지에 이르렀다면 주변 분위기의 가치도 덩달아 높아질 게 분명하다. 주변 땅값에도 영향을 미칠 수 있다.

부동산 투자는 사이에 투자하는 행위다. 마음과 마음 사이에 존재하는 것은 다양한 사고들(생각들)이며, 부동산과 부동산 사이에 존재할 수 있는 건 도로와 사람이다. 도로와 도로 사이에 무엇이 존재하는가? 사람과 자동차가 공존하는데 이는 차도와 인도가 공존하는 이유가 될 것이다. 인도는 작은 도로를 대변하고, 큰 도로는 차도들을 대변한다. 작은 도로는 큰 도로의 영향을 받는 입장이다. 하지만 작은 도로 없는 큰 도로는 큰 역할을 할 수 없다. 결국 부동산 투자는 사이에 투자하는 것이다.

땅을 구입하는 사람 역시 실수요자와 투자자로 대별된다. 실수요자 입장에서 집을 지을 수 없으나 위치가 좋다면 그 땅은 매력적일 수 있다. 다만, 그 지역에 반드시 필요한 개발이슈가 있어야 한다. 이때는 집 건축 유무와 무관하다.

"집을 지을 수 있는 땅인가요?"

문외한의 우문이다. 맹지에도 집을 지을 수 있다. 오지 속 집(폐가 수준)도 의외로 많다. 인근 지주와 그 밖의 변수가 있겠지만 개발비용을 들이겠다는 의지만 있다면 맹지도 건축행위가 충분히 가능하다. 개인이 도로도 만들 수 있다.

모든 부동산과 땅엔 반드시 자신에 맞는 신분이 존재하기 마련이다. 투자가 목적이라면 건폐율과 용적률의 성적표는 신경 쓰지 않아도 된다. 실활용이 목적이라면 개별적인 개발이 기본 루트이지만, 투자가 목적이라면 국가적 개발루트를 따라야 하기 때문이다.

용도지역에 투자하는 3가지 방법

땅 투자자가 용도지역에 집중하는 건 당연하다. 수치로 미래를 관측할 수 있기 때문이다. 건폐율과 용적률은 확인이 가능해 투명한 편이다. 용도지역을 보고 투자하는 것은 변수에 대한 높은 기대감 때문일 것이다. 용도변경 현상을 기대하지만, 기왕이면 준주거지역이나 그 이상의 변화도 염두에 둘 것이다. 용도지역을 통한 변수 작용은 크게 3가지다. 개별적, 국가적 사안, 자연적인 요인이 작동한다.

1. 전용과정을 거친다.

지목변경이 된다(전용과정의 최종단계가 지목변경이다). 국토 사정상 농지와 임야가 대부분이므로 지목변경과정을 통해 가치의 변화를 꾀할 수 있다. 대지만 고집한다면 진정한 투자자가 될 수 없다. 대지를 지목이라고 하지만, 상업지나 공업지, 주거지 등을 지목이라고 지정할 수 없기 때문이다.

무인도에 접한 큰 대지와 유인도에 접한 소형 농지의 가치는 다르다. 무인도에 접한 대지의 미래는 변하지 않지만, 유인도에 접한 농지의 미래는 대지일 수 있다. 사람이 곧 부동산이다. 동산화 여정을 거칠게 거친다. 사람과 위치(입지)가 부동산을 동산화, 대지화시킬 힘을 가지고 있다.

2. 개발청사진을 본다.

개발지 안에 들어 있는 농업진흥구역의 땅이 발전하는 과정을 보면 지역의 희망이 보인다. 개발청사진과 조감도가 현재의 가치를 변화시킨다. 즉 용도가 현재가치이자, 개발청사진이 바로 용도의 미래가치인 것이다.

3. 주변 부동산과 인구 급증에 따른 용도 변경의 가능성을 본다.

대도시 주변, 혹은 100만 거대도시 주변의 영향력을 무시할 수 없다. 개인적으로 개발과정을 거치지 않고도, 땅값이 충분히 움직일 수 있다. 개발청사진이 전무한 지역이라고 해서 무조건 땅값의 동력을 잃은 건 아니다. 주변 땅값과 영향력을 무시할 수 없다. 마치 간접 역세권이 직접 역세권의 영향을 받는 것처럼 말이다.

용도지역을 보고 투자하는 경우엔 반드시 용도변경이 될 만한 사안와 사유가 있는지 살펴보아야 한다. 단순히 도시지역이라는 명분 때문에 투자하면 변수가 있기 쉽지 않아 용도변경이 될 가능성이 낮아질 것이다. 따라서 이 3가지 요소에 집중하여 움직여야 할 것이다.

부동산 투자는 다음 4가지에 투자하는 것이다.

시간, 돈, 노력, 열정과 지혜(노하우)

실제 투자는 하지 않고 현장답사만 반복적으로 하는 사람이 의외로 많다. 그들은 실험을 경험으로 여긴다. 그러나 실험은 실험일 뿐이다. 수많은 실험을 했다면 소액이라도 투자전선에 뛰어드는 게 낫다. 작은 경험을 통해 추후 큰 경험을 수월하게 할 수 있는 것이다. 단, 여러 실험단계를 통해 투자전선에 입성하라. 그렇지 않은 상황에서의 경험은 무의미한 큰 실험이니까.

부동산 투자의 5대 원칙

1. 인구증가 상태를 점검한다.

인구감소현상이 일어나는 곳은 잠재력이 약화되는 곳으로 실수요자에겐 상관없으나, 투자자 입장에선 위험한 지역이다.

2. 부동산구조 상태를 점검한다.

상업지역과 공업지역과 녹지 및 주거공간의 배율, 배치상황을 점검한다. 언밸런스 상태라면 투자가치가 낮을 수 있고, 실수요자 입성이 힘들 수 있다. 투자가치의 재료 중 생명력이 높은 건 실수요가치이다.

3. 지역 상태와 위치를 점검한다.
접근성을 알아보는 과정 중 하나다. 인구증가 현상이 두드러진 곳의 특징 중 하나는 접근성이 높다는 것이다.

4. 개발청사진과 개발의 타당성을 점검한다.
주거시설의 미분양과 상업시설물의 공실을 방지하고, 공급과잉 및 난개발을 방지하기 위함이다.

5. 해당 지역의 전반적인 부동산 성질을 감지한다.
각 지역마다 고유의 특색이 있다.

집값이 2배 오르기보단 땅값이 2배 오르기가 더 수월한 이유는 완성도에서 차이가 나기 때문이다. 완성도 높은 부동산은 집이다. 동산화 과정을 이미 마친 상태이다. 완성도 낮은 부동산은 땅이다. 가격의 완성도, 성숙도는 땅보다 집이 우월하다. 땅값 오르기가 수월한 이유다.

미성숙, 미완의 땅은 완성도를 향해 여전히 지금도 질주 중이다.

가격이 변할 수 있는 것이다. 인근 땅이 완성단계를 밟는 동안에도 내 땅 가격은 이동할 수 있다. 가치와 별개로 말이다. 가치는 잠재성을 대변한다. 앞의 5가지 원칙과 원리만 고수한다면 멋진 투자자가 될 수 있을 것으로 확신한다.

위치가 용도를 바꿀 수 있다. 그러나 용도가 위치를 바꾸기는 힘들다. 상업지역이지만 상업지 역할을 제대로 수행하지 못한다면, 즉 단순한 인구구조로 공실이 많다면 상업지역 위치가 문제다. 애초 용도변환과정을 거치지 말았어야 했는데 무리했을 가능성이 높다(녹지공간에 상업공간이 침투한 격).

비록 지금의 용도지역은 형편없을지라도 위치 선정이 탁월하다면 상업예정지역 자격조건에 부합할 것이다. 좋은 위치는 잠재력을 내포한다. 좋은 위치는 사람을 끌어들이는 흡입력이 있다. 부동산은 움직이지 못하는 동신이다. 주인과 개발능력자를 필요로 한다. 자연적인 개발은 없다. 그러나 자연 개발은 있다. 즉 인력으로 개발하지 않는다면 영원히 부동산은 자연에 불과하다. 위치가 곧 용도를, 사람(부동산 주인) 신분을 바꿔놓는 역할을 한다는 것은 부동산의 진리다.

땅 투자의 원칙과 변칙

광활한 녹지공간에서 개발이 이루어질 수는 있어도, 좁아터진 상업 및 주거지역에서 부동산 혁명이 일어날 수는 없다. 원칙(지식, 기초)을 잘 알면 변칙(지혜, 노하우, 투자철학)이 잘 보인다.

하수는 기초를 무시한 채 기준부터 정한다. 기준은 노하우이고, 기초는 법과 약속들인데 말이다. 땅 자체만 보고 투자하는 사람은 없다. 주변 상황을 보고 투자한다. 대규모 아파트 형성지역 인근엔 땅 폭등 바람이 거세다. 땅값 상승의 원동력이 바로 인근 변수, 변화인데 그 바탕에는 주거시설, 주거지역의 잠재가치가 있다. 젊은 부자도시인 경기도 평택, 화성의 경우도 인근 주거시설, 주거지역의 잠재가치(미래), 가격이동 현상에 의해 땅값이 형성되어 저렴하지 않다. 주거 및 고정 인구의 동력이 곧 젊은 땅의 변혁, 혁명을 기대할 수 있는 모토다.

주거지역 인구는 직장인과 노인으로 대별할 수 있는데, 장수 시대 새로운 형태의 인구유형이 바로 직장생활하는 노인(인구)이다. 지금은 65세 이상을 비경제활동인구라고 그 가치를 낮출 수 없는 지경이다.

토지 투자의 원칙은 안전성 위주이고, 변칙은 수익성이 큰 투자법이다. 하나는 상수(고정성)에 지배받는 형태이고, 하나는 변수(유동성)에 기대하는 형태다. 평택 농림지역 땅을 200만원대에 판매하는 경우 변칙행위가 가능한지 그 여부를 따져볼 필요가 있다. 용도지역 대비 저렴한 상황이 아니기 때문이다. 특수한 상황과 조건, 잠재성 때문에 농림지역 원칙을 뛰어넘었을 게 분명하다.

화성 역시 농업진흥구역 전답이 300만원을 호가한다. 원칙적으로 용도지역과 지목 상태만 보면 살인적인 거품가격이다. 그러나 역시 특수한 상황의 특수성, 재력(경제력과 경쟁력) 등 변수에 대한 충분한 논의와 논박 등이 필요하다. 절대농지가 상업지로 변신할 수 있는 탁월한 곳에 위치해 있기 때문이다. 탁월한 개발 위치는 공무원도 모른다. 변칙만이 알고 있다.

용도지역과 지목이 자연스럽게 변모하는 경우와 그 반대의 성질을 지닌 경우가 있다(불변의 지속성). 전자는 국가적 개발사안에 의해 변하는 것이고, 후자는 대운에 맡기든가 아니면 지목 및 형질변경과정(⑩ 농지전용과정 중 한 과정)을 개인적으로 밟는 것이다. 용도지역은 개인의 능력으로 바꾸는 것은 불가능하다. 하지만 위정자 능력은 용도지역의 미래를 바꾼다.

형질변경은 개인이 취할 수 있는 비교적 적극적인 행위나. 공무원을 통해 개발 방법을 알아보는 것이 좋다. 민원문제에 대한 건 부동산전문가들보다 이들이 더 정확하다. 형질변경은 법테두리 안에서 이루어지는 과정이지만, 용도지역에 관한 건 법테두리 밖에서 이루어지는 과정이다. 하나는 원칙, 하나는 변칙행위가 응용된다. 지식과 지혜의 차이다.

도시지역 대지와 농림지역의 임야나 농지(전답, 과수원, 목장용지)는 원칙적으로 상대가 될 수 없다. 경쟁력이 떨어진다. 그러나 역세권개발영역 안에 들어간 경우라면 상황이 반전된다. 도시화와 동산화 과정을 겪을 가능성이 있는 농림지역의 미래는 도시지역 대지, 대지화, 택지화가 될 수 있다. 개발계획이 전무한 도시지역 대지를 비싸게 사서 개인적으로 개발하여 환금화시킬 수도 있겠으나, 개인과 국가의 개발 수준은 가격과 가치에서 차이가 날 수밖에 없다.

용도지역과 지목상태, 진입도로 여부 등은 개인적으로 개발할 때 필요한 요건이지만, 단지 투자 목적으로 움직이는 자에겐 사치일 수도 있다. 맹지를 택지화시키는 게 일반적인 개발의 형태이다. 탁월한 개발 위치와 개발방향이 용도지역, 지목상태, 도로 입지 등을 확 바꿔놓는다.

'용도변경'은 안전한 부동산용어가 아니다. 용도지역, 용도구역, 용도지구 등은 개인과 전혀 무관한 사안이다. 예를 들어 필지 개념과 획지 개념이 다른 것처럼 말이다. 농지 및 산지전용과정을 용도변경(**예** 건축법 적용)으로 표현하기도 하는데 이는 적절치 않다.

땅 투자자에게 용도지역이 중요하지 않은 이유

땅 투자자에겐 용도지역이 그다지 중요하지 않다. 반면 실수요자 입장에선 용도지역이 매우 중요하다. 땅 투자자는 미래 가치에 투자하지만, 실수요자는 현재 가치에 집중하는 입장이기 때문이다.

용도지역은 존재가치와 현재 모습을 적극 대변한다. 그런데 땅 투자자에게 용도지역(건폐율과 용적률 상태)이 중요하지 않은 이유는 무엇일까? 용도지역 하나만 보고 땅 투자를 포기한 경우가 의외로 많다.

서울특별시에 땅 투자를 할 수 있는 사람은 극소수일 것이다. 일부 개발업자나 개발능력과 정보력이 탁월한 거부(큰 부자)가 여기에 해당할 것이다. 서민이 서울에 땅 투자를 하는 건 어렵다. 대출 받을 능력도 능력이려니와, 그들이 스스럼없이 밝히는 정보력이 쉽게 와닿지도 않는다. 오히려 시간 지난 뉴스에 몰입하는 경향이 많다.

서울에 땅 투자할 곳이 적은 이유는 무엇인가. 높은 희소가치가 단단히 한몫하고 있다. 또한 서울은 100% 도시지역으로 이루어진 특별한 공간이다. 전체적으로 인구가 감소하고 있는데도 여전히 매력 있다. 전국에서 가장 높은 명동 땅값은 여전히 상승기류를 탄다. 곧 평당(3.3제곱미터 당) 3억 원을 훌쩍 넘을 게 분명하다. 아니, 4억이 코앞에 와 있는 느낌이다. 동남아 유동인구가 급증하는 바람에 더욱 큰 바람이 불 것이다.

존재가치는 용도지역으로 견지가 가능하다.
잠재가치는 인구증가로 견지가 가능하다.
희소가치는 젊은 동력과 노동력 변화속도로 견지가 가능하다.

땅 투자자에겐 규제가 투자를 하는데 방해요소가 될 수 없다. 규제 위치가 곧 가치다. 농업진흥구역(절대농지)의 땅이 투자자에게 기회의 땅이 될 수 있다. 하지만 개발계획이 전무한 절대농지의 미래는 절망뿐이다. 실수요자에겐 영농 활동이 전부이다. 그 이상 과욕을 부리면 역시 방해요소로 작용한다.

투자자에겐 절대농지의 위치와 방향이 절대적이다(⑩ 경기도 화성 향남역사개발예정지 주변 절대농지 희소가치가 날로 높아지고 있는 추세). 투자자가 가는 길이 다른 방향(투자자가 실수요자 행동을 하면 안 된다)이라면 큰일이다. 십중팔구 실패하게 된다. 절대농지, 맹지 등을 개발 대상으로 삼는 건 입지 때문이다. 개발업자 입장에서 개발비용이 적게 드는 이점이 있으나, 그보다 더 중요한 건 개발지 위치다. 가격보다 위치(가치)에 집중할 필요가 있다.

"절대농지라서 싫다!"고 말하기 전에 개발청사진과 현장 정보 등을 알아보는 게 순서다. 기회의 땅은 절대농지에서 발현하는 법이니까. 과거의 신도시 땅도 상업지가 아니었다. 접근성 높은 맹지와 절대농지를 놓치면 크게 후회할 수 있다.

성공적인 투자의 길

성공적인 땅 투자 10계명

땅 투자에 성공한 사람들은 다음 10계명을 엄수했다. 또한 공부를 하면서 자신만의 투자기준을 자연스럽게 세우기 때문에 안정적이고 리스크가 작다.

1계명 용도지역에 일방적으로 지배받지 않는다.

땅 투자는 용도변경을 기대하는 것이다. 위치가 형편없는 도시의 일반 주거지역도 의외로 많다.

2계명 지목에 지배받지 않는다.

지목변경 과정도 기대감을 가질 만한 재료이다.(**예** 농지 및 산지 전용과정)

3계명 접근성과 잠재성의 연계성을 연구한다.

접근성이 낮은 땅은 잠재력이 낮다. 초보자는 현장감과 접근성이 정비례한다고 생각하기 쉬운데 위험하다. 현장 위치에 집중할 필요가 있다.

4계명 인구에 집중한다.

특히 젊은 인구의 증가 현상에 집중한다. 젊은 인구는 생산과 출산이 가능하므로 지역 잠재력의 모태가 된다.

5계명 위치가 곧 가치다.

위치가 접근성의 모태가 된다.

6계명 지상물보단 인물에 집중한다.

부동산구조보다 인구구조가 더 중요하다. 지역 잠재력이 곧 지역노동력과 연계되어 있다.

7계명 자신만의 기준을 세운다.

비전문가의 헛소리에 귀 기울일 필요 없다. 실력 있는 컨설턴트를 만나 바른 방향지시등을 켜야 시간을 낭비하지 않는다.

8계명 자신의 경제력을 잘 인지한다.

경제력이 없는 상황에서 현장답사를 하다가 위험한 선택을 할 수 있다. 견물생심, 묻지 마 투자의 위험에 크게 노출될 수 있기 때문이다.

9계명 규제 공부는 필수다.

대한민국 국토는 규제의 온상이다. 장기 규제와 단기적 규제로 대별된다. 군사시설보호구역 등은 장기규제에 해당하고, 토지거래허가구역 등은 단기적 규제에 해당되므로 개별적으로 규제에 관한 정밀한 공부가 필요하다. 규제해제 과정은 땅값 폭등의 주요이슈거리가 될 수 있다.

10계명 기획부동산의 의미를 적극 참고하고, 관철한다.

땅은 기획물이지 중개물이 아니다. 정밀한 기획과정이 필요한 게 땅이다.

기획을 악용하거나 오용하면 사건이 터질 수 있다. 기획은 응용 대상이다. 응용력은 투자자에게 반드시 필요한 힘이다. 땅 고수가 되는 빠른 지름길은 땅 투자 10계명을 잘 지키는 것이다. 단, 땅 투자와 실수요를 목적으로 할 때는 큰 차이가 있다는 것을 명심하자. 땅 실수요자에게는 용도와 지목이 매우 중요하기 때문이다.

땅 투자 10계명을 고수하기 전에 자신의 처지와 투자하고자 하는 땅의 위치에 대해 잘 알아야 한다. 맹지 역시 개발 대상에 포함된다. 최소비용으로 시작할 수 있는 게 맹지다. 맹지 가치는 거의 바닥 상태다. 주변 변수에 따라 가치가 높아질 여력이 충분히 있다. 사고자 하는 땅이 개발 대상의 땅인지, 내가 투자할 능력이 있는 사람인지 제대로 인지하고 나서 컨설턴트를 만나자.

성공을 향해 질주하는 역세권과 신도시

성공한 역세권과 신도시 형태는 직주근접형 도시 형성 과정과 무관치 않다. 직주근접의 형태는 역세권 개발이나 토지이용의 집약도로 개선할 수 있다고 보기 때문이다. 반면 직주분리형 도시는 불완전한 역사 형성이 낳은 기형적 도시 형태로 역세권 형성이 곧 거품으로 이어져 문제다. 수많은 사람들의 직장과 집 간극이 멀어진다.

직주분리형 도시 형태인 베드타운은 뉴타운과 다르다. 뉴타운은 중심지와 접근성이 높은 곳에 입성한다. 국토를 대별할 때 도시지역과 비도시지역으로 분류하지만, 필자는 직주근접지역과 직주분리지역으로 분류할 수도 있다고 본다. 물론, 전자가 유리한 상황이다. 마치 노인인구 집중지역과 젊은인구 집중지역 중 후자가 유리한 것처럼 말이다.

규제가 심한 우리 국토는 물 보호지역(예 상수원보호구역)과 산 보호지역(예 임업 및 공익용보전산지)으로 나뉜다. 그리고 물 및 산 보호 인근지역으로 나눌 수 있다. 땅 투자자 입장에선 부동산과 국토를 바라보는 눈이 노련한 상태라면 투자에서 성공할 확률이 높다.

고수들은 성공한 역세권의 조건을 따질 때 신도시에 주력한다. 신도시가 성공하려면 역사 조성은 필수조건이나, 주거 및 상업, 공업, 녹지, 관광공간이 함께 공존하는지 따져보아야 한다. 경기도 화성시 일대가 그 조건에 부합할 만한 곳이라고 할 수 있다. 화성시는 젊은 도시이자 부자 도시이기 때문에 가능한 시나리오다.

신도시는 마치 닭과 같고, 역세권은 마치 단결된 달걀 모습 같다. 닭이 먼저냐 달걀이 먼저냐 장기간 옥신각신할 수 있다. 신도시 역사보다 역세권 역사가 더 앞설 수 있다. 강북의 역사가 강남의 역사보다 훨씬 앞선 것처럼 말이다. 그러나 본격적인 신도시 개발은 역사가 짧은 강남이 먼저 시작하였다. 우리나라 최초의 택지개발지구(미니신도시)는 영등포 동쪽을 의미하는 영동, 강남지역에서 발현한 것이다.

도로 역사와 도시 역사는 다르다. 1960년대(경인고속도로) 처음 이 땅에 그 탄생을 널리 알렸고, 다른 하나는 1980년 처음 이 땅에 개발소식을 전했다. 그러나 도로가 먼저냐 도시가 먼저냐를 따지는 건 별 의미 없다. 여전히 존재감을 널리 알리는 중이다.

기초(기반)시설은 도로건설과 철도건설로 점철되는데, 개발 상태든 아니든 중요하다. 각종 지상물의 존재가치를 빛내줄 시설물과 부속물이기 때문이다. 고속도로 건설이나 역사 개발의 특징은 무엇인가. 건설될 고속도로가 단순히 지나가는 도로, 그 이상의 역할을 하지 않는다면 지상물, 건축물 증가세가 역사 대비 미약한 편이다.

역세권 주변 개발은 고속도로와 달리 체계적인 개발이 필요하다. 그래서 역세권 법(역세권의 개발 및 이용에 관한 법률)에 따라 주변을 상업 및 업무시설, 주거시설 등으로 구성하고 배치한다. 배치 구조가 계획적이고 정밀하여 투자자 관심도가 높다.

고속도로 건설은 국도와 달리 새롭게 생길 수 있다. 하지만 국도처럼 확포장이나 연장하는 경우도 있을 수 있다. 다시 말해 철도건설과 달리 대형도로는 지상물을 그저 지나가는 형태에 불과한 것이다. 큰 의미를 부여하지 말아야 하는 이유다. 물론 길이 생기면서 땅값 이동현상이 일어날 수는 있다. 전철 연장은 지상물 및 인구폭증현상에 힘입어 발현한다. 타당성과 당위성이 비교적 구체적이라 실용성을 보증받는다.

도로가 철도와 다른 점은 교통체증 현상에 취약할 수 있다는 것이다. 철도는 그럴 염려가 없어 안정적이다. 고속도로가 저속도로인 경우도 있지만(통행료는 꼬박꼬박 받는 상황이지만) 말이다. 놀고 있는 상태의 기반시설물도 상상 외로 많다. 결론적으로 도로나 철도 건설 중 '철도 건설'에 매력 포인트가 더 있다고 본다. 개발계획과 연계되기 때문이다. 신도시 내 역사 건설은 필수 덕목이다. 무에서 유를 만드는 형태다. 또한 철도 건설은 반드시 도로 건설을 필요로 한다. 하지만 도로가 건설되었다고 해서 반드시 철도가 생기는 것은 아니다.

땅 투자자라면 간별해야 할 것

땅 투자가 힘든 건 비교하고 분석하는 능력이 부족하기 때문이다. 길을 모르니 지레 겁부터 먹는 것이다. 땅의 다양성에 미리 두려움을 갖는다. 그 마음 속 두려움을 제거하려면 다음과 같은 간별 능력이 필요하다.

1. 이론과 정론 간별하기

이론(지식)에 투자할 것인가? 정론(경험과 지혜)에 투자할 것인가? 이론에 투자하는 건 실수요자에게 해당된다.

2. 실수요가치와 투자가치 간별하기

삶의 질적 가치에 지배받는 건 실수요자다. 그러나 투자를 할 때는 삶의 질적 가치 외의 상황에 예민하다. 그것을 잠재성(미래)이라고 부른다.

3. 상수와 변수 간별하기

부동산공법이나 공시법 등으로 상수를 공부한다. 그러나 노하우 책으로 변수를 공부한다. 상수의 특징은 안정적이고 투명하나, 변수는 그 반대의 특징이 있다.

4. 기초와 기준 간별하기

기초가 부모라면 기준은 그 자식이다. 뿌리 없는 열매는 없다. 기초가 부실한 상황에서 노하우(기준)는 유명무실하다.

5. 맹지 간별하기

접근성이 좋은(위치가 괜찮은) 맹지를 집중 공략한다. 그 과정에서 판단력과 결단력을 높일 수 있다. 판단력은 결단력의 강한 무기(원료)가 될 수 있다. 하수는 결단력부터 공부한다. 뿌리 없이 열매를 바라는 격이다.

6. 정보 수위 간별하기

뉴스와 정보는 성격이 다르다. 정보는 시간이 생명이다.

7. 의심과 관심 간별하기

의심부터 생긴다면 관심 자체가 생길 수 없다. 관심과 호기심으로 움직일 게 아니라, 땅의 강점을 믿고 투자하는 게 안정적이고 현실적이다. 기본으로 투자하기와 기분으로 투자하기, 이 역시 큰 차이점을 드러낸다. 분위기(기분)로 투자하면 안 된다.
개발의 타당성 검토 = 부동산 공부과정(단, 실수요자는 실제 활용할 수 있는지에 대해 공부하자.)

8. 자신감, 책임감, 의무감 간별하기

9. 부동산의 무용담 간별하기

과거 성공한 사례가 지금도 통할 수 없다. 환경과 시기, 조건이
같을 수 없기 때문이다.

땅 투자자가 되기 위한 단계별 노력

땅 고유의 성질과 지역 특징을 알아볼 때는 전국 지자체의 특징
을 면밀하게 검토한다. 지방자치시대, 지방분권화시대에 맞게 다양
한 정보를 인터넷에서 쉽게 찾아볼 수 있다.

> ☑ 경기도 분석(객관적)
> ☑ 지자체 분석(구체적)
> ☑ 지역 분석(용도지역, 용도구역 등)
> ☑ 개발계획분석(개발가능성과 잠재성, 타당성 검토)

지자체 특징을 분석할 줄 알아야 한다. 지자체 사이트에 있는 정
보와 소식들이 100% 완벽할 수는 없기 때문에 검증 및 분별할 수
있는 능력이 필요하다. 그 정보들은 1% 부족하다.

예 경기도 광주, 용인 시청사이트에 들어가 인구증가속도와 개
발청사진을 알아본다. 시장 공약의 현실성과 타당성도 검증해야 할
주요사안이다. 지방 역시 마찬가지다. 강원도 평창 사이트에 과감

하게 접근한다. 습관적으로 들어가는 건, 구체적으로 현장답사하기 전에 할 수 있는 최선의 방법이다.

지역 잠재력을 보려면

양적 가치가 무조건 질적 가치보다 뒤떨어지는 건 아니다. 양적 가치가 질적 가치의 재료가 될 수밖에 없기 때문이다. 과거가 없는 현재와 미래를 생각할 수 없다. 양적 가치가 과거이고, 질적 가치가 그 나머지인 격이다.

'부동산 거래량과 관광인구 이동량'을 보면 지역 잠재력을 알 수 있다. 한 지역에 부동산 거래량이 증가하고 있다는 건 전입인구와 주택 및 상가 거래량이 증가하고 있다는 의미다. 또한 미분양 및 공실률이 낮다는 증거다.

관광인구 이동량이 증가하고 있다는 건 대자연의 풍광이 매력적이라는 의미다. 자연의 풍광에서 지역 잠재력을 자주 목격한다. 관광 및 위락시설을 통해 수익 창출이 가능하다. 수익형 부동산으로도 응용이 가능하다.

결국, 지역 잠재력은 '인구'를 통해 가늠할 수 있다. 고정인구만큼이나 유동인구도 중요하다. 교통이 편리하면 인구가 다양할 수 있지만, 지역 자체가 매력적이라면 인구 폭은 상상 그 이상으로 확대 및 재생산될 수 있다.

투자자라면 대자연에서의 지역 잠재력도 생각해볼 만한 사안이다. 지금은 전원 및 장수시대이다. 상업공간에서만 지역 잠재력을 모색하기보단 녹지공간에서 지역 특징을 관찰하는 습관도 중요하다. 갈수록 녹지공간이 힐링 및 웰빙 공간으로 각광받기 때문이다.

상업공간과 녹지공간에 입성할 만한 인구수는 그다지 차이가 없다. 인구의 질적 가치에 차이가 날 뿐이다. 상업공간은 면적이 넓지 않으나, 녹지공간은 광활한 면적을 소유하고 있기 때문에 가치의 차이가 난다. 상업지역의 잠재력과 녹지공간에서 발현하는 잠재력은 그 색깔과 성향이 다르다. 잠재력, 가격, 용도지역, 존재감의 차이다.

자신의 경제력에 맞춰 잠재력 크기를 조율하는 게 현명하다. 상업지에 맞는지 녹지에 맞는지 스스로 결정한다. 도시지역(16%) 대비 비도시지역 면적이 훨씬 넓다. 서울이 왜 특별시인가. 100% 도시지역이다. 비도시지역이 없는 공간이 특별시다. 공간 성적 대비 인구 밀도가 높다. 높은 잠재력이 쉽게 식지 않은 이유다. 서울 접근이 힘들어 인근 지역의 관심도, 집중도가 점점 넓어지고 있는 것이다. 서울 외에 다른 곳에서도 색다른 잠재력을 발견하길 바란다.

소형부동산에서 가격 폭등을 맛볼 수 있다

땅 투자 성공자와 실패자의 차이점은 지역 선점이다. 성공자는 폭등지역을 선점하고, 실패자는 거품지역을 선정한다.

가격거품지역의 특징

- 벼락부자 탄생을 예고하는 곳으로 냄비 성질이 강하다.
- 수요량과 거래량의 감소가 우려된다.
- 인구와 무관하게 개발청사진 의존도가 매우 높은 지역으로 오로지 지상물만 증가세를 보인다.
- 현장감이 떨어진다.
- 노인 인구가 증가하고 젊은 인구가 감소세다.

가격폭등지역의 특징

- 명품부자가 탄생할 곳으로 잠재성이 강하다.
- 수요량과 거래량이 희망적이다.
- 인구 증가가 많은 지역으로 실수요자와 가수요자가 균형을 이룬다.
- 젊은 인구가 증가한다.(**예** 경기도 평택시와 화성시 – 지상물과 인물 증가세가 균형적이다.)

이슈거리가 다양한 곳은 반드시 거품가격이 형성된다. 그러므로 투자자는 작은 거품에 투자하지 않으면 안 된다. 작은 거품엔 폭등의 의미가 내포되어 있다. 작은 거품은 폭등지역으로 점철되기 때문이다. 규모가 큰 거품가격은 거품가격을 적극 대변한다. 큰 거품가격에 매수하면 땅거지 신세로 전락할 확률이 높다. 폭등가격은 거의 시세에 준하나, 거품가격은 오차범위가 너무 크다. 땅 투자 성공자는 가격거품지역과 가격폭등지역을 구분할 수 있는 능력이 있다. 가격의 성질 또한 개발의 성질(타당성 등)과 더불어 자세히 알고 있다.

좋은 부동산의 기준(기능)은 크게 3가지다.

1. 매매가 잘되는 부동산(환금성이 높은 상태)
2. 가격이 자주 오를 만한 부동산(수익률이 높은 상태)
3. 주변에 다양한 실수요자가 포진된 부동산(늙은 인구, 젊은 인구가 신구조화를 이뤄 안전성을 확보한 상태)

아이러니한 점은 가격이 싸다고 무조건 환금성이 높은 건 아니라는 사실이다. 가격 하락의 이유는 반드시 있다. 물론, 사유는 별개 사안일 것이다. 급매물이 그 좋은 예가 될 것이다. 부동산가격이 자주 오르는 곳은 수익률과 환금성이 높다. 부동산가격이 자주 내리는 곳은 수익률과 환금성이 침묵 상태다. 인근 시세 대비 저렴한 상태여야 가격의 차별성을 둘 수 있다. 이때 비교대상 물건이 반드시 있어야 한다. 수요자는 항시 선택의 기로에 서 있기 때문이다.

같은 투자금액으로 하나는 단기로, 다른 하나로는 장기투자를 할 수 있다. 개발청사진에 관한 타당성 높이가 최고조인 수도권 명품 땅을 평당 300만원에 20평을 사는 것과, 비수도권지역 오지 땅을 평당 6만원에 1000평을 매입하는 건 하늘과 땅 차이다. 평당가는 저렴하나 이슈거리가 전무하다면 결과는 뻔한 것인데도 후자를 선택하는 경우도 많은 게 현실이다.

수도권 명품 땅의 특징은 투자가 쉽지 않다. 복 많은 부인과 부자들이 그것을 가만둘 리가 없다. 선점하고 점유한다. 반면 비수도권 오지지역 땅은 흔하다. 투자가 쉬운 이유다. 부자들의 관심을 끌기 부족하고, 오지면서 접근성이 비교적 높다면 부자들 손을 거칠 만도 하나, 그 수가 얼마나 되겠는가. 개발지역보단 미개발지역이 훨씬 많은 국토 사정 때문이다.

작은 땅은 희소성과 잠재성이 높다. 큰 땅은 존재성과 대중성이 뛰어나다. 또한 실활용가치에 대한 기대감이 높을 수 있다. 그러나 분할과정 중 맹지가 발생할 수 있어 결과적으로 활용도가 높지 않다. 소송에 휘말릴 가능성도 높다.

아직까지는 소형아파트 대비 소형 땅은 인식이 좋지 않다. 평택 땅 20평을 사라고 권유했다가, 20평 사서 뭐에 쓰냐는 예비투자자의 말이 아직도 생생하다. 땅이 너무 작다는 뜻이다. 하지만 소액을 가진 자가 명품 땅을 원한다면 20평도 감지덕지다.

큰 평수에 대한 인식은 다르다. 그래서 초대형평수에 일반주거지역, 자연녹지지역, 보전녹지지역 등이 함께 포함되어 있는 땅을 판매하는 업자는 당당하다. 용도지역의 다양성을 잠재성으로 표현한다. 차후, 일반주거지역 그 이상으로 용도지역이 변할 것이라고 말한다. 부동산의 특징 중 하나인 연계 및 인접성은 곧 미래의 잠재성으로 승화될 수 있다는 것이다. 일리가 전혀 없는 주장은 아니다. 최소비용으로 최대 결과를 가져올 수 있는 가능성이 있다.

대형평수에 보전녹지지역이 들어가 있어 평당가가 싸기 때문에 하수나 개미들에게 설득력이 있어 보인다. 그러나 용도지역의 변화는 개발의 타당성이 있는 곳에서나 가능한 일이다. 개발면적도 면적이려니와, 대규모 개발의 효과도 미지수다.

작은 땅의 특징은 이슈거리가 튼튼하다는 것이다. 가령 역세권 개발법에 관한 적용으로 미래에 대한 기대감이 광대하다. 그에 반해 큰 땅의 사정은 어떤가. 대자연이 바로 이슈거리다. 면적만 넓을 뿐 미래가치가 넓지 않다. 경기도 양평 땅의 특징은 개발이 힘들다는 것이다. 그래서 큰 평수의 땅을 판매하는 중개 및 매매업자(기획부동산업자)는 '대자연'을 판매한다. 깨끗한 공기와 물을 통해 땅 이미지를 극대화한다.

6000만원으로 장기투자전선에 뛰어들 건지 아니면, 단기성 투자경로를 밟을 건지 스스로 정할 일이지만 큰 땅은 일단 위험하다. 가치가 낮고 존재가치마저도 의심받는다. 건폐율과 용적률을 통한 활용범위도 좁을 수 있다. 투자자는 개발이슈가 있는 작은 땅을 원한다. 한순간의 선택에 따라 6000만원의 가치는 극과 극을 달릴 것이다. 하나는 1억, 다른 하나는 100억으로 말이다.

투자의 길라잡이

땅에 투자하는 이유

투자의 동기는 다양하다. 하지만 부정적인 시각을 가지고 투자자가 되기는 어렵다. 긍정적인 사고를 가지면 진보적인 투자자가 될 수 있다. 투자를 결정하는 이유는 크게 3가지이다.

1. 용도 상태에 따라 움직이는 경우 **부동산공법 등 상수를 보고 투자**한다. 실수요 성격이 강하다. (**예** 농지전용과정)

2. 개발청사진 상황에 따라 움직이는 경우 **부동산정보를 보고 투자한**다. **투자의 성격이 강하다.**

3. 부동산 성질을 보고 움직이는 경우 **부동산 정보(변수) 및 상수(법률적 사안)** 등 모든 사안에 해당할 수 있다. 성질은 모든 부동산 종

목을 대변할 만한 가치를 갖는다. 성격 없는 부동산은 없다. 실수요 겸 투자의 성격이 강하다.

1, 2, 3 모두 변수일 수 있지만, 3번은 상수(고정적 성격)에 가깝다. 성질은 쉽게 변할 수 없다. 이 3가지를 염두에 두고 움직인다면 '묻지 마 투자'를 하지 않을 것이다.

땅값을 조성하는 부동산 재료는 용도, 부동산 성질, 개발청사진의 성향, 그리고 부동산 위치와 입지 등이지만 접근도와 친밀도를 높일 필요가 있다. 용도는 법률적 사안이지만, 부동산 성질은 고정적이고 개발청사진은 변할 수 있다. 부동산 위치는 용도지역 위치와 개발청사진 위치를 의미한다. 용도변경은 탁월한 위치에 놓여 있는 경우에 가능하다. 용도지역의 위치가 괜찮다면 용도변경 가능성이 높고, 개발의 위치가 좋다면 개발의 타당성이 높다.

부동산 성질이 변하는 경우는 잠재성의 발효이다. 개발청사진는 개발 위치에 지배받는다. 개발의 타당성보단 필요성이 중요하기 때문이다. 부동산 공부를 열심히 하면 좋은 땅이 어디인지 볼 수 있는 안목이 생긴다. 위치가 괜찮으면 접근성이 높아질 수밖에 없다. 접근성이 높아지면 잠재성도 덩달아 높아진다. 아파트나 상가가 용도변경되는 경우보단 땅의 용도변경이 잦은 편이다. 이것이 땅 투자의 매력이다. 용도변경의 가능성이 곧 잠재성이다.

땅의 역사는 지상물 역사를 크게 앞선다. 지상물의 재료가 곧 토지이기 때문이다. 토지의 역사가 길지만 토지의 성질은 아이와 같다. 아이의 미래와 잠재력 크기가 어른의 미래 크기보다 클 수밖에 없다. 상수원보호구역이나 보전산지(임업용 혹은 공익용보전산지)는 보호 및 보존가치 뿐만 아니라 희소가치 또한 높다. 상업지의 보존가치는 낮으나, 희소가치는 높다. 주거지는 보존 및 희소가치가 높지 않다. 난개발 온상의 주범이자, 미분양의 대명사가 아파트이기 때문이다. 수도권과 지방, 심지어 오지에서 아파트 미분양 물량이 쏟아지고 있다.

투자지역의 결정 기준은 '차별성과 차별화'이다. 지역차별화와 가격차별화 등에 주력하는 습관이 필요하다. 투자지역 선정기준은 장점과 이슈거리가 10가지 이상이어야 하는데, 그중 인구 증가는 필수다. 이슈거리가 많아도 인구상황이 형편없다면 무기력한 투자가 될 수밖에 없는 것이다. 차별화가 곧 환금화다.

개발청사진도 중요하겠지만 '지역 강점' 역시 중요한 사안이다. 지역 성질은 지역 개발청사진 대비 생명력이 높기 때문이다. 생명력이 곧 잠재력이다. 이때 지속력이 중요하다. 잠재력 크기가 무조건 크다고 좋은 건 아니다. 지속력이 약하다면 큰 문젯거리이므로 강력한 지속력을 지닌 잠재력이 필요하다. 꾸준히 발전할 수 있기 때문이다.

흐지부지된 개발계획표는 투자자에게 위험신호다. 잠재력의 지속력이 중요한 까닭이다. 잠재력과 지속력은 지역 접근성을 적극 대변한다. 부동산 선정 시 따져볼 사안이다.

땅 투자는 선택의 연속이다.

1. 전문가를 선택한다.
2. 지역을 선택한다(실수요 목적인지, 투자가 목적인지 선택).
3. 물건을 선택한다(용도지역과 지목을 선택).
4. 장소 및 위치 선택
5. 가격 선택(1~4를 바탕으로 신속 정확하게 결정한다.)

신중하되 빠른 결정이 필요하다. 핫한 지역의 땅값은 수시로 변할 수 있다. 관망하고만 있으면 투자의 기회를 놓친다.

가격부터 정하는 경우도 없는 건 아니다. 여유자금, 투자자금을 정해놓고 액션을 취해야 무리수를 두지 않게 된다. 자신의 경제 사이즈를 모른 채 앞의 과정을 거치는 건 위험하다. 여유 자금 없이 시작하면 시작부터 위기를 맞는다. 시작이 절반 그 이상의 의미를 내포하기 때문이다. 환금성이 낮아 일상생활이 버거울 수도 있다.

하지만 겁 많은 자는 지주가 될 수 없다. 겁이 많다는 건 부동산 공부의 양이 부족하다는 증거다. 땅 공부를 많이 하면 겁이 사라진다. 급소가 보인다.

땅 고유의 특징들을 파악해야 한다. 늙은 땅은 존재할 수 없다. 땅은 공간 없는 미완의 부동산이기 때문이다. 그러나 늙은 아파트는 많다. 공간을 십분 활용 중이다.

인근의 오래된 부동산이 새 부동산으로 환골탈태할 때 땅의 가치는 변할 수 있다. 가격 또한 변할 것이다. 땅의 또 다른 특징은 공간을 활용하기 전의 모습이기 때문에 공급과잉과 공실, 그리고 미분양 대상이 아니라는 점이다. 투자가치에 관한 기대감이 높은 이유가 될 것이다. 단, 난개발 기류를 탈 수 있으므로 개발의 정당성을 검토해보는 과정은 반드시 필요하다.

지상물의 용도지역이 변하는 것은 대형건물 입성을 예고(인구폭증현상에 의해 발전, 혹은 다른 의미의 이유가 있을 것이다. ⓔ 서울미아사거리 인근의 변화와 그 속도)하는 경우다. 땅의 용도가 변경되는 것은 개발청사진 및 계획에 의해서다. 자주 변할 수 있다. 땅에 투자하는 이유다.

개발위치보다 더 중요한 것

부동산 위치의 중요성은 아무리 강조해도 부족하다. 그만큼 투자자에게 강력한 동기부여를 제공해준다. 하지만 상업시설물 위치와 주거시설물 위치가 뒤바뀐 경우 낭패를 보기 쉽다. 녹지공간이어야 할 공간에 상가가 들어섰다면 위치 선정이 잘못된 것이다. 명품 옷이라도 진열이 잘못되면 가치가 하락한다. 가치와 무관하게

소비심리가 위축된다.

개발 위치(광의의)뿐만 아니라 용도배분의 위치(협의의+구체적)까지 검토해 보아야 한다. 백화점 물건과 재래시장 물건의 차이는 진열의 차이다. 잘 정리정돈된 기획물이 있는 곳이 백화점이고, 정이 넘치나 즉흥적이고 비계획적인 곳이 재래시장이다. 용도 배분 시 위치 선정보단 선점이 중요하다. 내가 서야 할 곳(내 위치)에 서야지 그렇지 않으면 낭패다. 남의 자리(위치)를 넘보는 행동은 자제하라. 도시 형성 시 주거공간에 들어설 자리에 상업시설이 들어서고, 공업시설이 들어설 곳에 주거시설물이 들어선다면 사람들로부터 외면당하기 쉽다. 미분양 및 공실로 손실이 막대할 것이다. 부동산의 진열도, 조감도는 인간의 삶의 질과 연관 있다. 실수요 공간이 제대로 정리정돈, 정비되었을 때 제2, 3의 투자자도 증가할 수 있는 것이다.

개발 규모보다 더 중요한 사안은 무엇일까. 도시지역 자연녹지지역의 건폐율과 용적률은 각각 20% 이하와 50~100% 이하이고, 제2종 일반주거지역의 건폐율과 용적률은 각각 60% 이하와 150~250% 이하이다. 이처럼 땅은 정해지지 않은 잠재성을 수치화하는 것이 원칙이다. 부동산공법(약속)이 필요한 것이다.

그러나 투자자는 이러한 원리원칙 하나만 보고 움직일 수 없다. 약속에 투자를 하는 건 아니기 때문이다. 개발면적과 개발 위치 등을 고려하여 나름대로 정해야 한다. 개발면적의 중요도를 100% 이하로, 개발 위치의 중요도를 100% 이상으로 정하지 않으면 안 된다. 개발비용의 중요도 역시 100% 이하다. 개발규모의 중요도나 개발기간의 중요도 역시 100% 이하다. 개발기간과 개발비용은 정비례한다. 개발기간이 길어질수록 예산이 더 들어갈 것이다. 개발기간과 개발 위치도 정비례한다. 개발 위치가 탁월하다면 개발기간이 단축될 것이다. 이런 경우, 투자자의 투자기간이 짧아 환금화 속도가 빨라 만족도 높은 투자가 될 것이다.

개발면적과 규모가 크다고 좋은 건 아니다. 그에 따라 비용부담이 커지고 개발기간이 길어질 수 있기 때문이다. 즉 겉모습보단 실속과 위치가 중요하다. 개발면적과 그 화려함에 속는 일은 없어야겠다. 개발면적이 크고 화려한 곳의 특징은 무엇인가. 거품가격 형성이다. 가격을 무시하면 큰일 난다. 가격정보와 개발정보를 조율할 필요가 있다.

부동산 정보는 가격 정보와 개발 정보로 구별할 수 있다. 그러나 그 정확도 면에선 큰 차이점을 보인다. 가격 정보는 정확도가 떨어지나, 개발 정보는 정확도가 높다. 개발 위치를 알아보는 건 어렵지 않기 때문이다. 가격 기준은 존재할 수 없으나 개발 기준은 존재한다. 부동산은 상황성에 지배받는 재화다. 때문에 '매도인'은 부동산의 매력과 장점, 화젯거리를 찾고, '매수인'은 최소비용으로 최대효과를 노리는 것이므로 공격적이고 적극적으로 개별적 경제논리를 편다.

국내의 실례도 있다. 경기도 구리시는 전국 기초자치단체 중 가장 좁은 도시다. 인구수는 적으나 인구의 질적 가치가 낮은 건 절대 아니다. 수원시 역시 면적 크기가 크지 않지만 수도권을 대표할 만한 100만 거대 도시로 입지가 크다.

결국 인구밀도가 높은 지역이 잠재력이 높은 것이다. 인구밀도가 낮은 지역은 무기력할 수 있다. 비어 있는 공간, 즉 놀고 있는 부동산이 많다는 게 큰 결점이다. 한 지역의 높은 실업률은 지역 발전의 저해요소다. 부동산 역시 놀고 있는 부동산이 많다면 지역 애물단지로 오랫동안 방치될 게 분명하다. 지역가치가 낮아지고, 인구 감소 현상에 허덕이게 된다.

자연의 가치를 제대로 수용하고 인정하면서 개발할 줄 아는 사람이 능력자다. 무조건적인 상업지만 바라는 것은 불리하다. 지역 상황에 맞춰 이동하지 않으면 안 되기 때문이다. 제대로 된 상황성은 곧 잠재성의 발로이다. 지역위치와 상황을 제대로 파악할 만한 능력이 없다면 지역잠재성을 찾기는 어려울 것이다.

부동산의 현장감과 접근성

개발청사진을 보면서 필요한 덕목은 무한한 상상력이다. 하지만 현장을 통해 미래청사진을 예측하는 건 무리다. 현장감과 접근성(땅을 사려는 목적)은 그 상황이 다르다. 현장감은 현실이요, 접근성은 미래 사안이기 때문이다. 왜 부동산의 접근성이 필요한가. 부동산 투자가 힘든 건 입지가 다양하고, 지속성을 가로막을 만한 경우의 수가 언제든지 발생할 수 있기 때문일 것이다.

따라서 개인의 상상력과 창조력이 동원되지 않으면 안 된다. 입지가 다양한 만큼 개인투자자들 입장 차가 클 수 있다. 좋은 위치의 기준은 생각의 차이다. 물론 기본은 반드시 필요한 주요덕목 중 하나다. 맑은 공기가 반드시 필요한 말기암 환자가 찾는 좋은 위치와, 도시와 가까운 땅을 찾는 건강한 직장인이 찾는 좋은 위치는 그 기준이 다를 수밖에 없다. 도시와의 높은 접근성을 자랑하는 곳의 강점은 경제력이 크다는 점이고, 오지와의 높은 접근성을 자랑하는 곳의 강점은 자연친화적이라는 점이다. 도시의 경제적 가치와 자연의 경제적 가치는 비교대상이 될 수 없다. 도시의 성질은 단순하나, 자연의 성질은 다양하다. 하나는 완성도가 높지만 다른 하나는 성숙도가 높다.

난개발이 발생하는 이유는 무엇인가. 자연을 잔인하게 훼손하고 파괴하는 과정에서 발생할 수 있는 인간의 불건전한 사고가 문제다. 애초 개발 위치가 잘못 정해졌기 때문에 난개발과 공급과잉현상이 발생하는 것이다. 자연과 인간이 공존 공영할 수 있는 상황을 조성하는 게 난개발과 상관없는 최고 가치의 개발일 것이다.

부동산의 생명과도 같은 접근성의 의미는 개별적으로 받아들이기 나름이다. 자연과의 높은 접근성을 최고 가치(기회)로 인정하는 사람도 있고, 도시와의 높은 접근성을 최고가치(투자)라고 인정하는 사람도 있기 때문이다. 도시와의 높은 접근성은 높은 가격을 만들 수 있지만, 자연과의 높은 접근성은 높은 가격을 만들기 어려울 수 있다. 자연의 가치를 가격으로 환산한다는 건 힘들기 때문이다. 대자연은 하드웨어 상태에서 사람의 머리와 손에 의해 소프트웨어로 변신, 업데이트 될 수 있다.

자연(녹지공간)의 넓이는 광대하므로 위치가 더욱 중요하다. 예를 들면 도시지역의 녹지지역 중 자연녹지지역의 위치, 접근성이 매우 중요한 것이다. 자연녹지지역은 좋은 기회가 찾아올 때 주거지역 그 이상으로 진보할 수 있다. 용도 자체 역시 부동산의 하드웨어일 수 있다. 접근성 높은 용도지역(위치가 괜찮은 용도지역의 땅)은 기회의 땅으로 변신할 수 있다. 그러나 위치 실패의 땅은 지역 장애물로 잔존한다.

땅의 접근성

투자자는 인구 유입 상황을 보고 잠재력을 체크하면 된다. 인근 대도시와의 높은 접근성을 통해 땅의 용도가 변하는 기대효과를 바라는 입장이기 때문이다. 건강한 땅은 변화를 두려워하지 않는 땅이다. 가격 변화 현상이 일어난다.

집의 접근성

인구 유입보단 기존 인구의 편익성이 중요하다. 기존 주거인구의 삶 만족도를 수시로 체크한다. 집은 주인이 마음이 편하면 그만이다. 가격 변화보단 삶의 가치에 집중한다. 주변의 자연을 보호하여 내 건강을 지킨다. 재개발 등은 거품의 온상이다. 개발이 내 집을 잃게 만들 수도 있다. 빚쟁이, 집거지로 만들 수 있다. 일시적으로 집값이 뛰어 실수요자였던 내가 갑자기 투자자로 변하는 것이다.

도시 속에 자연이 있고, 자연 속에 도시가 형성된다. 대자연은 개발과정 중 가장 강력한 힘을 가진 영원한 부동산의 원료다. 하지만 접근성 떨어진 부동산은 난개발의 온상이고, 공실률이 높을 수밖에 없다.

주요지역의 특징과 투자지역 정하기

투자지역을 결정하는 기준이 개별적으로 다를 수 있으나, 지역 특징을 파악하고 투자지역을 정하는 것이 안전하다.

예를 들면 경기도 양평군을 보는 시각이 여러 가지일 수 있다. 양평군은 물의 도시로 도내 1위의 광활한 면적을 자랑하여 힐링공간으로 적격인 곳이다. 도시에서 지친 마음을 양평에서 달랠 수 있다. 양평군은 9개 역사를 보유 중이다. 유동인구의 다양화를 기대할 만한 여건을 갖추고 있고, 자연과 전원주택의 조건을 갖추고 있다. 전원주택 1번지로 그 브랜드가치를 인정받는 이유다. 이처럼 지역특징은 보는 시각에 따라 여러 가지 구도를 그릴 수 있다. 양평군을 투자지역으로 정하는 것이 단순히 이 이유 때문만은 아닐 것이다. 여러 각도로 재해석, 접근이 가능하니까.

양평군을 분석하기 전에 경기도 분석이 필요하다. 경기도 특징역시 개별적일 수 있다. 인구증가세력이 강한 곳, 거대도시 3개가공존 중인 곳, 인구증가폭이 넓고 큰 곳, 다양한 교통망을 확보한곳 등 개별적으로 분석 기준이 다양할 수밖에 없다.

결국 투자처를 정하기 전에 큰 것을 보고 작은 것에 집중해야 한다. 작은 것은 정밀하고 단단하나, 큰 것은 개괄적이다. 작은 것부터볼 수 있지만 정확도 면에서 떨어질 수도 있다. 우선 높은 곳에서보고 높은 곳에서 내려와 정밀하게 본다.

1단계 8도 중 하나를 정하고 정밀하게 접근하기
2단계 시군을 정하여 정밀하게 접근하기

개발계획에 관한 타당성을 체크하는 과정에서 이 단계가 필요하다. 도의 특징을 파악하고 나서 시군의 특징을 체크한다. 지역특징은 시군청 홈페이지와 반복적인 현장답사를 통해 알아볼 수 있다.

홈페이지는 망원경으로 보는 것처럼 큰 틀을 파악할 수 있어 객

관적인 면이 강하다. 현장답사과정은 현미경으로 보는 것처럼 자세하게 파악할 수 있고 정밀하다. 지역의 특징을 파악하기 위해서는 망원경과 현미경이 모두 필요하다. 망원경의 사용설명서와 현미경의 사용설명서를 정독한 후 응용과정을 거친다. 사용방법도 모른 채 무조건 망원경과 현미경을 구입하면 무용지물이 되고 만다.

남이 발견할 수 없는 특징을 찾는 자가 투자자다. 희소가치를 높일 만한 여력이 있다. 희소성을 발견했다는 희열 때문에 결단력이 한층 강화될 것이다.

현장답사의 중요성은 접근성에 대한 정밀한 진단이다. 현장감의 기준은 인구 상태다. 부동산 구도가 현장감을 판단하는 기준이 되어선 안 된다. 비어 있는 부동산은 지역애물에 불과하다.

인구증가속도와 인구의 질적 가치를 파악한다. 인구가 갑자기 증가하는 곳은 거품의 온상일 수 있어 위험하다. 인구증가속도가 느리더라도 '꾸준히 증가하는 곳'이 최고다. 실수요가치가 높다면 당연히 투자가치도 높으니, 살기 편한 곳은 인구가 증가하기 마련이다. 단순히 개발계획이 화려하다고 해서 인구가 증가하는 건 가치가 없다. 가수요자만 득실댈 것이다.

현장은 마치 바둑판 같다. 하수와 고수가 공존한다. 하수는 흑돌이고, 고수는 백돌이다. 항시 흑백논리가 진리인 것처럼 바둑판(현장)을 흔든다. 투기판으로 오용하는 경우도 있다. 아파트 견본주택 현장도 비슷하다. 고수(떴다방)와 하수(개미)가 함께 움직인다. 하수는 허수를 만들고, 고수는 거품을 만든다. 높은 현장감이 거품의 이유는 아니다. 젊은 인구가 꾸준히 증가한다면 어느 정도 거품을 수용할 수 있다. 작은 거품은 시가를 적극 대변할 수 있기 때문이다.

개별적으로 부동산에 관한 철학과 기준, 노하우 등이 다양할 수 있겠지만, 투자지역의 기준을 다음과 같이 정리할 수 있다.

1. 전체 인구 동향을 보고 결정하는 경우
증가지역과 감소지역으로 구분된다. 인구감소지역을 투자처로 선정하는 경우는 없을 것이다.

2. 개발계획의 크기를 보고 결정하는 경우
예 역세권 범위는 면적이 정하는 게 아니라, 인구의 질적 가치와 양적 가치가 정한다.

3. 다양한 부동산 구조를 보고 결정하는 경우
예 용도지역의 배치구도, 지상물 구조(상업 및 주거시설물 등)

4. 지역 특징에 따라 결정하는 경우
기준과 성향이 다를 뿐 지역랜드마크가 없는 곳은 없다.

5. 도로 상황을 관찰하여 투자를 결정하는 경우

앞 5가지 조건이 모두 만족된다면 안전한 투자를 할 수 있을 것이다. 그러나 가격거품에 주의할 필요가 있다.

강렬한 개발청사진의 특징

현재라면 약점 노출이 쉽겠지만, 미래이므로 예측과 예상의 대상이다. 그래서 성장할 수 있다는 기대감을 가질 수 있는 것이고, 투자의 동기도 될 수 있다. 현장감은 현재의 가치다. 그러나 미래가치를 가늠해볼 수도 있다.

긴장감을 잃은 지역은 현장감이 현저히 낮아 기대치가 낮을 수 있다. 반면 현장의 변화속도가 빠를수록 투자자 수도 빠르게 증가한다. 현장감이 변하면서 긴장감 속도도 빨라진다. 모든 게 진보한다. 중요한 것은 개발청사진 하나로 모든 사안을 판단할 게 아니라, 개발 위치와 현장감을 통해 긴장감을 감지하지 않으면 안 된다는 점이다.

개발청사진의 또 다른 특징 중 하나는 규제와 함께 존속한다는 것이다. 대자연을 개발하는 형태가 개발청사진이기 때문이다. 개발지역 내에 녹지공간이 존속하는 이유다. 물과 강은 녹지공간과 조망권의 가치를 적극 대변한다.

부동산의 특성을 파악할 때 체크해야 할 것

투자는 부동산의 다양한 특성을 파악하는 과정이다.

☑ 지역 특성을 파악한 후, 부동산의 특성을 파악한다.
☑ 용도지역의 특성(건폐율과 용적률 없는 부동산은 없다.)
☑ 지목의 특성(28개 지목이 존재한다.)
☑ 위치 및 입지(자연환경)의 특성
☑ 컨설턴트(토지전문가인지 아파트전문가인지)의 특성
☑ 개발청사진의 특성
☑ 개발공약자(지자체단체장)의 특성
☑ 규제의 특성(규제 없는 곳은 없다)
☑ 인구의 특성
☑ 지역부동산 구조의 특성(배치구도에 문제점이 발견되면 인구 입성이
   힘들어 인구감소현상으로 이어질 수도 있다.)
☑ 지역 지상물, 구조물, 공작물, 시설물들의 특성

추가로 인근 부동산 주인들의 성질을 감지한다. 예를 들면 전직 대통령이나 국회의원 등이 부동산 주인인 경우에 해당 지역이 화두가 될 수도 있다. 부동산 정보에 의해 움직인 자들이 바로 그들이기 때문이다.

더불어 인근 부동산들의 가격 성질을 파악해야 한다. 거품에 희생당하면 억울하지 않는가.

땅값 변동 상황을 통해 땅을 분류하는 경우도 있을 수 있다.

10년 동안 두 번 이상 가격이 상승한 땅

갑자기 밀어닥친 개발계획 때문일 것이다.

1년 동안 세 번 이상 가격이 상승한 땅

인구가 증가했을 것이다. 실수요자와 가수요자가 동시에 늘어난 것이다.

희소가치의 차이가 확연하다. 전자보다 후자가 좋은 조건이다. 투자자가 크게 몰릴 상황이다.

1년 동안 세 번 이상 가격이 상승한 아파트

역 연장이 되거나, 인구증가 현상 등

10년 동안 단 한 차례만 가격이 상승한 아파트

재개발이나 재건축 현상. 확실하지가 않고, 투자가치에 대한 의견이 시시비비하다.

부동산 투자과정은 희소가치를 모색하거나 조율하는 기나긴 여정이다. 라이벌구도에서 차별성, 희소성이 없다면 그 부동산은 지역애물로 장기간 잔존할 게 뻔하다.

'부동산 투자자'의 3대 필수항목(안전성, 환금성, 수익성)을 명심하자. 소형부동산이 대세인 시대지만, 큰 게 좋은 경우도 있다. 예를 들어 대기업이 존재하는 지역 잠재력은 크다. 유입되는 인구(젊은 노동력)의 증가폭과 밀도 역시 중요하다. 비싸다고 좋은 건 아니다. 저렴하더라도 인구증가세가 꾸준하면 지역에 대한 기대감이 증폭될 것이다. 급등세보단 속등세가 안정세이기 때문이다. 인구가 증가하는 곳은 잠재력 크기가 크다. 특히 젊은 인구가 꾸준히 증가한다면 그 지역의 미래가치 크기는 크다.

'부동산 실수요자'의 3대 필수항목(물리적 안전성, 실용성, 편리성)은 투자자와 다르다. 삶의 질적 가치에 지배를 받기 때문이다. 가격과 인구 상황에 크게 구애받지 않는다. 다만, 환경조건이 중요하다. 아파트 생활을 할 때 주변 먼지와 소음 등은 골칫거리가 될 수 있다. 건강한 삶을 영위할 수 있는 조건은 무조건 빼어난 환경여건이다. 아무리 가격이 높은 아파트라도 건강을 해칠 만한 환경 여건이 조성되어 있다면 단명할 수밖에 없다.

약속과 규제와 부동산 책

부동산 투자자가 움직일 만한 기준이 있어야 한다. 눈여겨볼 사안은 3가지다.

약속 / 규제 사안 / 각종 부동산의 자료(에 부동산 책)

'약속'은 장기와 단기로 나뉜다. 장기약속은 부동산공법 및 공시법 등이고, 단기약속은 개발공약 등이다.

'규제'도 장기와 단기로 나뉜다. 장기규제는 군사시설보호구역 등이고, 단기규제는 토지거래허가구역 등이다.

'부동산 책'은 변수에 관한 책과 상수에 관한 책으로 나뉜다. 노하우 책은 전자이고, 부동산학개론책은 후자이다. 노하우 책은 생명력이 강하지 않고, 부동산학개론책은 법률사안이기 때문에 장기간 유지가 가능하다.

약속 및 규제 공부는 부동산 책으로 해야 한다. 첫 단추가 중요하다. 잘못된 시작은 투자의 실패로 돌아온다. 평소 자신만이 가지고 있는 부동산 지론과 잘 맞는 부동산 책이 개별적으로 양서가 될 것이다. 대박주의자는 대박주의자끼리 만나 결국 쪽박을 찬다. 대박을 바라기 이전에 쪽박을 차지 않는 방도를 모색하는 게 투자의 정도다. 1년 안에 대박 터질 수 있는 방도를 알려주는 책을 선택할 것인지, 안전성 위주로 투자의 길을 안내해주는 책을 선택할 것인지 생각해보자.

땅과 주거시설 매수법

아파트, 단독주택, 땅 사는 사람이 눈여겨볼 사안은 제각각이다. 그 구실과 명분이 다양하기 때문이다.

'아파트'를 살 때는 인근 토지 상황보다는 녹지공간이나 편익시설물을 본다. 단독주택 살 때도 인근 토지 상황을 보지 않는다. 마당이나 편안한 공간, 그리고 주변 편익시설물을 보고 구입한다. 공간과 마당을 통해 전원의 향수를 느끼고 싶은 것이다. 아파트, 단독주택 등 주거시설을 매입할 때는 주변에 백화점 등이 있는지를 알아본다. 멀티공간의 활용도를 높여 삶의 질을 높이려고 한다. 또한 인구에 예민하지 않다.

'상가'를 구입할 때는 인구에 예민하지 않으면 안 된다. 자영업자 100명 중 성공하는 자가 겨우 7% 안팎이다. 주거 및 유동인구가 중요한데 이를 무시해서 나온 수치스런 결과다. 단골고객(주거 및 고정인구)과 뜨내기(유동인구)가 함께 올 수 있도록 영업해야 한다.

'땅'을 구입할 때는 주거시설물 구입과 확연한 차이가 있을 수밖에 없다. 인구와 지상물 구도를 살펴야 한다. 고정인구에 예민하고, 내가 사고자 하는 땅 인근에 주거시설 분포도와 주거인구 동향을 살피지 않으면 안 된다. 젊은 인구가 유리하기 때문이다. 땅값 올리는 작용을 하는 건 경제인구이다.

주거시설물은 인근 땅들의 동향에 영향을 미치지 않으나, 땅은 인근 주거시설물의 존재 자체로도 적잖은 영향을 받는다. 지상물 대비 땅은 주변 동향에 몹시 예민한 재화다. 그래서 아파트보다 땅값이 폭등할 수 있는 것이다. 10만원짜리 땅이 2배 오르기는 쉽지만 평당(3.3㎡당) 1000만원을 호가하는 아파트가 2배 오르기란 쉽지 않다. 단가의 차이도 있겠지만 개발이슈와의 영향도 무시할 건 아니다. 미완성물인 땅 주변은 개발청사진이 언제든지 그려질 수 있으나, 완성물인 아파트 단지 주변으로 개발청사진이 그려지기란 쉽지 않다. 재개발 정도가 전부일 거다.

'땅 투자자'는 서류보다 개발이슈에 집중하는 사람이다. 예를 들어 면적, 용도, 지목, 개별공시지가 등보다 개발청사진의 타당성과 다양성, 잠재성 등에 집중한다.

'땅 실수요자'는 개발이슈보다 서류에 집중하는 사람이다. 그러나 현장에 치중하는 경우가 다반사다. 집 매수자가 현장에 집중하는 건 일반적인 현상이다. 집은 실수요공간이니까. 서류는 현재가치를 확인할 수 있는 자료이기 때문이다.

의외로 땅의 생명선인 도로가 지역애물인 경우가 많다. 지적도상 없는 도로(**예** 현황도로), 계획도로, 비법정도로(**예** 이면도로, 농로 등) 등을 합한다면 애물단지인 도로수는 환산이 불가능하다. 활용도 높은 도로보다 놀고 있는 도로가 더 많은 게 현실이다. 도로가 다양하다고 현장감이 높은 건 아니다. 도로 사용량이 적다면 문제 있는 곳이다. 인구가 부족하여 잠재력을 상실한 곳이다. 잠재력 높은 도로는 각양각색의 인구와 차량 이동량과 정비례할 것이다.

돈이 나를 부른다

땅 부자의 특징

투자처를 지정할 때 젊은 인구 증가 현상에 관심을 두는 이유는 잠재력이 높기 때문이다. 그 잠재력은 출산가능인구와 생산가능인구 등으로 점철된다. 아무리 장수시대라지만 노인인구는 출산이 불가능하므로 잠재력에서 취약할 수밖에 없다.

투자처가 젊은 공간이라면 1억으로 100억을 만들 수 있다. 여기서 100억은 2가지 의미가 있다. 상징성과 잠재성이 바로 그것이다. 명품부동산의 기준은 '다양하고 화려한 부동산 구조'가 아닌 '다양한 인구구조'이다. 그러나 무조건 인구가 다양하다고 잠재가치에 대한 기대감이 높은 건 아니다.

역시 출산가능인구가 관건이다. 출산가능인구가 많은 지역의 작은 부동산은 명품부동산으로 인정받을 만하다. 실용성과 잠재성이 높기 때문이다. 비어 있는 마천루에 추후, 생산 및 출산가능인구가 가득 입성한다면 명품부동산으로서의 입지, 존재성을 단단히 구축할 수 있다. 결국 명품부동산을 만들 수 있는 근간은 사람이다. 위정자가 아닌, 출산 가능한 인구인 것이다. 즉, 명품 개발청사진이 명품 부동산을 만들 수 있는 강력한 무기는 아니다. 명품 인구가 접근하지 않는다면 유명무실하다.

투자처를 정할 때 젊은 공간을 선택하면 편익공간이 자연히 조성되어 해당 부동산은 명품 부동산이 될 수 있다. 좋은 땅의 의미는 내 땅 인근의 지주가 젊다는 것이다. 활력이 넘친다. 더욱이 개발능력자라면 금상첨화다. 명품 공간은 명품부자와 땅 부자가 입성하는 공간이다.

여기서 땅 부자의 특징을 알아보자.

1. 땅의 특징을 잘 알고 있다 보니 급하지 않다.

잠재성, 부증성, 부동성, 희소성 등 땅의 중요한 특성을 잘 파악하고 있다. 땅이 부동산의 모태라는 사실을 받아들일 때 비로소 땅부자의 초입에 접어들 수 있다.

2. 큰 땅보단 작은 땅을 본다.

작은 땅은 집중도가 높다. 명품 땅의 첫 번째 기준이 바로 소규모 땅이다. 작은 부동산이 대세 아닌가. 여느 개발이든 개발과정을 거치다보면 면적은 작아지기 마련이다. 희소가치 높은 땅은 크지 않다. 예를 들어 상업지는 녹지보다 훨씬 작다.

3. 투자가치와 실수요가치를 잘 안다.

그 차이점을 잘 알고 있어 방향 선회를 잘한다. 예를 들어 실수요 공간 안의 땅이 개발범위에 들어간 상태인지 아닌지를 꼼꼼하게 검토한다. 만약 실수요가치의 땅이 개발범위 안에 들어간다면 개별적 개발비용이 낭비되는 일이 발생할 수 있기 때문이다.

4. 매수방법과 매도방법을 잘 알고 있어 땅 투자를 두려워하지 않는다.

땅의 특성을 잘 알고 있기 때문에 가능하다. 성공한 사람들의 특징 중 하나는 사람의 성질을 잘 알고 있다는 것이다. 성공의 재료가 바로 좋은 사람인 셈이다. 땅 투자 성공의 재료 역시 좋은 땅과의 인연이다. 그 이면엔 땅의 잠재성이 숨어 있을 것이다. 존재성과 달리 잠재성은 숨어 있다. 겉으로 드러나지 않아 초보자 눈엔 보이지 않는다.

매매 기준은 개별적으로 수용하기 나름이나, 시류에 맞게 움직이는 게 현명한 선택일 것이다. 결론적으로 명품부동산이 명품부자를 만드는 경우의 수가 없는 건 아니나, 그보다 더 중요한 점은 바로 명품인구가 명품부동산을 만들 수 있다는 것이다.

부동산 고수가 지향하는 투자의 3대 요건

대기업의 백화점이나 대형마트 주변엔 항시 영세상인의 상가들이 즐비하다. 영세상인들은 늘 대기업의 압박을 받는다. 마치 상업공간 주변에 반드시 녹지공간이 조성되는 것처럼 매번 같은 구도를 그린다. 약자와 강자가 한 이불 속에서 잠을 자는데 동상이몽의 전형을 목격하는 건 늘 범민들이다. 빈부격차가 심하다.

부동산구조는 사회구조와 별 다를 바 없다. 한국전쟁 때 전쟁난민이 수세에 몰린 것처럼 서울 전세난민이 경기지역으로 밀려나가고 있다. 이런 추세가 계속 이어진다면 서울은 희망을 잃을 것이다. 흥행에 성공한 영화는 조연들의 활약과 역할이 크다는 공통점이 있다. 부동산도 조연들(개미와 하수 등) 역할이 크다. 주연급들의 연기를 받쳐주는 조연들에 의해 힘 있는 자들이 상업공간에서 부를 크게 누릴 수 있는 것이다. 힘과 기술과 스피드 3박자 모두를 갖춘 자가 부동산 부자들이다. 정보력, 노하우, 환금성 따라 이동하는 구도다. 이 3가지 조건이 작용하여 큰 부를 누릴 수 있는 것이다.

다음의 업자와 하수, 고수, 문외한의 대화를 보자.

하수: 땅의 지목이 어떻게 되나요?

업자: 대지입니다.

고수: 위치가 어디인가요?

업자: 역 주변입니다.

문외한: 용도지역이 어떻게 되나요?

업자: 계획관리지역입니다.

농지 옆 대지를 선택할 것인지, 대지 옆 농지를 선택할 것인지 다른 조건도 따져봐야 할 필요가 있으나, 일반적으로 전자는 하수가, 후자는 고수가 선택할 것이다. 고수는 기왕 투자하는 것 최소비용으로 움직여야겠다는 열의가 지배적일 테니까. 또 자신만의 투자철학을 가지고 있고, 수익률과 배수도 인지할 줄 안다.

하수는 자연적이고 대운을 바란다. 고수는 창의적이고 인위적이다. 자연을 개발하는 행위이기에 시행착오과정을 한두 차례 겪을 수밖에 없다. 창의성은 잠재성의 발로다. 잠재성은 복을 적극 대변하지 않는다. 노력하는 자에게 행운이 따른다. 노력과 덕을 꾸준히 쌓다 보면 팔자에도 없던 새로운 복이 나에게 찾아올 수 있다. 꾸준한 노력의 산물은 '기회'이다. 기회는 노력하지 않는 자를 외면한다.

정보화 과정이 중요한 이유

정보가 곧 돈인 시대다. 부동산 공부 과정 중 하나가 정보의 타당성을 검토하는 것이다. 정보화와 환금화는 서로 정비례한다. 충격적이고 자극적인 부동산 정보는 충격적이고 자극적인 환금화 과정을 밟기 마련이다. 팥 심은 곳엔 반드시 팥이 나온다.

정보는 곧 시간이다. 잃어버린 돈은 열심히 일하면 회복이 가능하지만, 잃어버린 시간은 찾을 길이 없다. 과거를 찾을 수 있는 사람은 없다. 투자의 실패가 충격적인 이유다. 투자의 재료가 돈(투자자금)과 시간(투자시점)이지만 시간이 훨씬 중요하다.

부동산 공부는 투자의 시점을 분석하는 과정인 것이다. 정보의 질적 가치를 조율할 만한 능력을 갖길 바란다면 부동산 공부를 제대로 해야 한다. 주마간산식 공부와 정보는 반드시 지양해야 할 사안이다.

부동산 투자의 의미는 무엇인가. 사이(間)에, 공간에 투자하는 과정이다. 예를 들어 젊은 인구와 노인인구 사이에 투자하는 것이다. 상업공간과 녹지공간 사이에 투자하는 것이다. 부동산의 특징 중 하나인 연계성과 인접성, 연접성을 믿는 것이기 때문이다.

도로에도 작은 도로와 큰 도로 사이에 투자하는 게 상례다. 작은 도로의 역사는 깊다. 자연발생적으로 생긴 게 대부분이다. 고속도로나 국도는 큰 도로다. 이면도로나 농지 등이 바로 작은 도로의 표상이다. 법정도로와 비법정도로는 공존한다. 마치 맹지와 비맹지가 공존하는 것처럼 말이다. 맹지가 비맹지(완성도 높은 부동산)의 영향을 받듯 비법정도로 역시 법정도로의 영향을 받는다.

작은 건물이 큰 건물과 공존하듯 부자와 서민이 공존한다. 부자의 힘을 서민이 받는 경우의 수도 있다. 부자가 서민의 힘을 이용하여 부를 창출하는 게 일반적인 경우이겠지만 말이다. 투자는 비법정도로와 법정도로 사이의 적극적인 동작인 것(소극적인 자가 투자자가 될 수 없다)이다. 도로는 부동산의 일부이자 부동산을 조성할 때 반드시 필요한 재료이기 때문이다.

부동산 고수와 중수를 구분하는 방법

땅은 거대한 하드웨어로 물적자원을 대변한다. 사람은 소프트웨어로 인적자원을 대변한다. 국토를 토지로 승화시킬 수 있는 것은 사람만이 할 수 있는 특권이다. 소프트웨어를 둘로 대별할 수 있는데 하나는 강력한 소프트웨어이고, 다른 하나는 미약한 수준의 소프트웨어다. 강력한 소프트웨어는 젊은 노동력(강력한 소프트웨어는 미래를 지배한다)이다. 미약한 소프트웨어는 고령층에 예속(소프트웨어가 미약한 상황에선 현재에 만족도를 높이면 그만)되어 있다.

소프트웨어에 투자하는 자는 고수다. 하드웨어에 투자하는 자는 하수다. 소프트웨어와 하드웨어 사이에 투자하는 자는 고수 혹은 중수일 것이다. 그렇다고 자연에 투자하는 자를 무조건 하수로 여기면 안 된다. 위치에 집중해야 한다.

고수는 자신의 경제력과 부동산의 위치와 잠재력을 제대로 인지할 수 있는 능력을 가진 자이다. 하수는 자신의 경제력 처지를 모른 채 매력적인 부동산에 일방적으로 지배받는다. 그래서 무리한 대출을 통해 묻지 마식 투자를 강행하게 된다.

투자자가 눈여겨봐야 할 강력한 가치는 '접근성'이다. 접근성은 희소가치의 다른 말이기 때문이다. 잠재가치의 진보가 곧 희소가치 아닌가. 하수는 습관적으로 희소가치부터 찾는다. 잘못된 습관이다. 현장감은 하드웨어 상태이고, 시각적으로 볼 수 있다. 접근성은 소프트웨어이고, 감각적으로는 볼 수 있다. 예측할 수 있는 것이다. 실수요자는 보이는 것에 투자해야 하고, 투자자는 보이지 않은 것에 투자해야 한다. 미래를 볼 수 있는 사람은 많지 않다.

현장답사 시 인구상황을 파악해야 한다. 인구 상태가 양호하다면 접근성 또한 양호한 수준일 것이다. 현장의 하드웨어는 부동산 구조다. 현장의 소프트웨어는 인구구조다. 현장답사에서는 땅을 보는 게 아니라, 미래와 접근성을 함께 파악해야 한다. 착각하면 안 된다.

도로의 연계성과 그 접근에도 집중할 필요가 있다. 즉 인구 유입을 기대할 만한 가치가 있는지 따져봐야 한다. 도로의 접근성이 곧 미래다. 땅 투자자는 인구 상황과 도로 상태를 통해 미래를 관철하지 않으면 안 된다. 현재의 상황을 통해 미래를 관철하는 것이다. 인구와 도로가 곧 접근성을 파악할 만한 자료가 된다. 정리하면 다음과 같다.

1. 인구밀도와 증가 속도
2. 부동산 배치구도(혐오시설물 유무 및 정도)
3. 젊은 인구 전입 및 유입인구의 정도

3가지 조건의 만족도가 높은 곳이 '수도권'이고, 인구밀도가 낮고 인구감소 현상에 허덕이며 부동산 배치구도가 불균형한 곳이 바로 '비수도권'이다. 특히 비수도권 중 오지가 대표적인 예다. 녹지공간과 맹지공간이 너무 많이 분포되어 있기 때문이다. 뿐만 아니라 늙은 인구의 유입도 문제점이다. 결국 가치의 경중은 인구의 유입 정도로 파악하는 것이다.

그 다음이 부동산 유형과 구도이다. 현장답사 과정 시 고수는 접근성을 모색하고, 하수는 현장감에 집중한다. 접근성이 높다면 당연히 높은 현장감은 보장되기 마련이다. 그러나 현장감이 높다고 반드시 접근성이 높은 건 아니다. 현장에 비어 있는 지상물만 다양하게 포진된 상태라면 지역 거품을 의심받을 수 있다.

초보자가 정독할 점들

투자자와 실수요자 입장에서의 부동산 공부는 다르다. 투자자라면 환경영향 평가능력을 길러야 한다. 개발의 필요성이 곧 개발의 잠재성이고, 자연을 개발하는 게 일반적 상황이기 때문이다. 부동산 투자자라면 개발의 잠재성을 기대해야 한다.

초보자, 하수 가운데 아름답고 화려한 개발청사진과 조감도에 일시 혹해 큰돈을 무리하게 투자하는 경우가 있다. 화려한 부동산의 하드웨어는 초보자가 눈여겨보는 사안이다. 사고 확률이 높다.

그중 하나가 견본주택 앞에 길게 늘어선 허수들, 하수들, 개미들의 광경이다. 화려한 색깔은 판단력을 흐리게 만든다. 청약률이 높고 가계약 확률이 높다. 단면만 보는 상황이다. 그러나 지금의 모습(개발청사진, 견본주택)과 미래의 모습이 같을 수는 없다. 마치 토지이용계획확인서의 모태와 현장의 모습이 다르듯 말이다. 현장감, 긴장감, 자신감 등은 소프트웨어와 별개사안이다. 단면, 즉 맹점을 볼 수 없는 상황이기 때문이다.

초보자들은 '큰 것과 작은 것의 조화가 곧 부동산 구조'이고, 이것이 곧 강점이라는 사실을 잊는다. 예를 들어 큰 가격이 형성될 때 근처에 작은 가격이 공존하게 된다. 큰 도로가 형성될 때 근처에 작은 도로가 형성될 수 있다. 철도라는 새로운 모형의 큰 도로는 반드시 작은 도로인 버스노선 등 대중적 일반 노선을 필요로 하기 때문이다.

예외가 없는 건 아니다. 큰 개발이 이루어질 때 인근에 작은 개발(예 전용과정)은 허용될 수 없다. 큰 개발로 인해 개발범위(개발규모와 면적)가 기존 도로 등 여러 각도의 부동산들에게도 영향을 미칠 수 있기 때문이다. 운명이 바뀌는 경우의 수도 있다. 맹지가 전격 큰 도로에 접한 상업용도의 땅으로 변신할 수 있다. 부동산의 잠재성은 연계성, 인접성이다. 내 땅이 초라하다고 해서 실망할 필요 없다. 화려한 인근 땅들 덕을 톡톡히 볼 수도 있기 때문이다.

부동산을 구성하는 3대 요소와 변수

- 부동산을 구성하는 3대 요소 **땅, 주인(부동산주인), 지상권**
- 땅을 구성하는 3대 요소 **자연(대자연), 주인(땅주인), 변수(나쁜 변수와 좋은 변수)**
- 자연의 특질 **물, 산, 흙 등 물리적 변수의 모든 사안들**
- 변수의 특질 **나쁜 변수가 좋은 변수로 교화가 가능하다. ⓐ 개발을 위한 규제해제과정을 밟는다.**

부동산을 움직이는 건 인간이다. 자연발생적으로 발전하는 일도 있으나, 그건 무리다. 자연발생적으로 진화된 땅을 다시 개발하는 것 역시 인간 몫이기 때문이다. 땅의 가치를 높이는 방법은 '땅의 성질을 인지하고 땅의 규제 상황을 관철'하는 것이다. 규제 없는 땅이 없기 때문이다. 내 땅의 위치가 괜찮다면 규제해제지역에 예속될 가능성도 높다. 내 땅 상황이 현재 맹지 상태지만 접근성이 높다면 미래가 희망적이다. 현재를 긍정적으로 여겼을 때 비로소 미래가 희망적인 것이다.

땅의 성질과 특징은 개성이다. 그 개성을 적극적으로 발견했을 때 긍정의 효과가 나타나는 것이다. 절대긍정이라는 말은 부동산에서 적용되지 않는다. 상황에 지배받는 게 부동산이다. 개별적으로 변수에 능수능란하게 대처할 만한 방안 한두 가지를 마련하지 않으면 안 되는 이유다.

역세권 공부가 반드시 필요하다

부동산 예비투자자 중 평생 부동산 공부만 하는 사람이 있다. 안타까운 일이 아닐 수 없다. 부동산 공부의 목적은 크게 3가지로 나뉜다.

1. 규제 공부 **규제 없는 지역은 없다.**
2. 개발의 타당성 공부 **난개발 시대이다. ⑩ 공급과잉, 공실률, 미분양률이 높아만 간다.**
3. 부동산 성질 제대로 인지하기 **잠재성은 부동산의 영원한 성질일 수밖에 없다.**

공부를 위한 공부가 아닌, 투자를 위한 공부라면 반드시 이 3가지에 대해 깊게 알아야 한다. 투자자는 부동산공법이나 공시법 그 이상을 알아야 하나, 실수요자는 공법 등 법률적 사안만 알면 된다. 부동산 투자란 변수(미래)에 투자하는 것이고, 상수(현재)에 투자하는 건 실수요자에게 매우 중요하다.

역세권 투자를 공부하는 것도 중요하다. 수도권 전철은 계속 확대되고 있다. 역세권 정립의 조건 1순위는 다양한 인구구조다. 주거 및 고정인구, 유동인구 상태가 양호해야 한다. 서울 역삼역, 강남역을 떠올려보면 된다.

2순위는 다양한 부동산 배치구도다. 역세권의 강한 힘은 다양한 유동인구의 힘이다. 단순히 고정 및 주거인구의 힘이 아닌 것이다. 인근 대도시, 중소도시와의 연계역할을 중요시 여기기 때문이다.

예를 들어 환승역인 사당역, 잠실역의 영향력은 크다. 전철효과뿐만 아니라 전철의 힘을 뒷받침하는 버스노선 역시 강한 편이다. 경기도와 사당역, 잠실역을 연계하는 매개 역할을 톡톡히 하고 있다. 고속도로가 작은 도로(⑩ 국도, 지방도)를 필요로 하듯 전철 역시 타 교통수단을 필요로 한다. 결국 다양한 구도의 부동산 재료는 바로 다양한 각도의 인구 분출이다. 비어 있는 마천루 가치보단 인구 증가현상이 두드러진 전원주택 가치가 더 높을 수 있는 것이다.

역세권 부동산이 화두다. 꼬마빌딩이 부자들의 필수 아이템이라면 꼬마토지는 서민들의 필수 아이콘으로 급부상할 수 있을 것으로 전망된다. 가치 높은 꼬마토지의 미래(가치)는 꼬마빌딩이 될 수도 있다. 역세권과 부동산 구조는 모든 이들의 로망이다. 역세권 영향력이 곧 잠재력이다.

역세권 꼬마빌딩의 특징은 시세차익과 수익형부동산으로 응용이 가능하다는 것이고, 역세권 꼬마토지의 특징은 환금성, 수익성, 안전성이 모두 높다는 것이다. 더불어 희소성(잠재성의 모토)도 기대할 수 있다.

역세권 대형빌딩과 역세권 대형토지는 거품을 의심할 수 있어 환금성에 제약을 받기 쉽다. 건물 대비 평당가격은 저렴하나, 워낙

녹지공간이 넓어 전체 금액이 만만치 않다. 지상물과 원형지의 차이다. 역세권에 있는 대저택의 가치는 투자가치보단 실수요가치에 일방적으로 지배를 받는다. 지역랜드마크의 역할이 강하기 때문이다. 역세권 토지에 잘 들어가면 지주가 건물주가 되는 신분 상승의 기적도 일어날 수 있다. 역세권의 강력한 잠재력이 바로 역세권의 힘(미래)을 적극 대변하는 것이다.

땅 가치의 기준은 역세권의 영향력이다. 땅 가치의 구조는 역세권과 부동산이다. 예를 들면 역세권과 상업 및 주거시설, 공업시설을 말하는 것이다. 단, 역세권과 녹지공간은 가치의 기준이 아니다. 대체로 땅 부자는 역세권 땅 부자다. 단, 넓지 않은 땅을 선택할 줄 안다. 큰 땅은 환금성이 낮고, 개별적으로 민간개발업자가 나타나기 쉽지 않다.

역세권 거리와 위치의 차이점을 제대로 파악할 필요가 있다. 역세권 거리보다 위치가 훨씬 중요하다. 거리가 가깝다고 역세권 영향력이 높은 건 아니다. 500m 내에서도 역세권 영향력이 미약할 수도 있고, 1km 이상이 역세권 범위가 될 수도 있기 때문이다. 그렇기 때문에 거리보다 위치, 방향이 중요한 것이다. 역과 역 사이 간격이 좁으면 역세권 영향력이 배가가 된다. 예를 들어 서울 삼성역과 선릉역 사이 혹은 종각역과 종로3가역 간극은 의미가 없다. 역세권 거리를 별도로 정할 수 있는 상황이 아니기 때문이다. 역세권 내에서의 변수작용을 이해하지 못한다면 투자에 실패할 가능성이 높다.

역세권 내 용도변경이 안 돼도 땅값이 오르는 경우는 태반이다. 높은 현장감 덕이다. 각종 인구 증가세 또한 땅값 이동의 일등공신 이다. 수인선 송도역(보전녹지지역), 경의중앙선 구리역(자연녹지지 역, 완충녹지)의 경우가 좋은 예다. 하물며 용도변경이 된다면 더 올 라갈 가능성이 높을 수밖에 없는 것이다. 물론 용도변경이 되어도 인구 유입 등 변동사안이 없는 경우의 수도 있을 수 있지만 말이다.

부동산 사용설명서를 바로 숙지하라

매매 시 주택과 땅의 차이점은 더 폭넓게 드러난다. 주택의 경우 이삿짐 및 서류 이동이 필요하나, 땅은 서류 이동만으로 거래가 마 무리될 수 있다. 땅의 특징은 짐이 없다는 것이다. 공간이 없는 상 태다. 건폐율과 용적률을 활용하기 전의 모습이 땅이라 잠재성이 무한할 수밖에 없다. 공급과잉 및 공실, 미분양 등에 구애받을 이유 가 없는 것이다. 그 속성만 제대로 알면 안전한 게 땅 투자다. 난개 발 시대의 불신이 바로 공급과잉 아닌가.

집은 실수요자가 절반을 차지할 수 있지만 땅은 그 반대다. 개별 적으로 투자세력이 큰 편이다. 그중 소액투자자가 대부분을 차지한 다. 한 지역의 실수요자를 인구로 인정하나, 가수요세력을 인구로 인정하는 경우는 없을 것이다. 공간 있는 부동산과 공간 없는 부동 산의 차이점을 제대로 인지하도록 하자. 활용방법에 따라 잠재가치가 확연히 달라질 것이다.

1. 돈의 사용설명서를 분석하여 정밀하게 알려주는 자 **재테크 전문가**
   (돈은 지식보단 지혜를 필요로 한다. 지혜롭게 돈을 활용하지 않으면 안 된다)
2. 시간 사용설명서를 분석하여 정밀하게 알려주는 자 **재테크 전문가**
3. 장소(지역) 사용설명서를 분석하여 정밀하게 알려주는 자 **공무원**

1, 2는 투자자에게 필요하고, 3은 실수요자에게 필요하다. 돈, 시간, 장소를 어떤 방향으로 활용하느냐가 투자의 성공 여부를 결정지을 것이다. 매수자는 활용법 파악에 힘쓴다.

부동산의 완성도, 성숙도를 높이기 위해 필요한 것은 '기술 감각, 예술 감각, 잠재력'이다.

기술 감각 한계점에 이르러 유한적이다. 돈으로 환산이 가능하다.

예술 감각 무한도전이 가능하다. 돈으로 환산하기 힘들다.

잠재력 무한하여 개별적으로 가치 기준이 필요하다. 가치의 기준은 지식만으로 충족되기 어렵다. 지혜(노하우와 철학)가 필요하다.

부동산 거리와 가격은 정비례한다

상업 및 업무시설물과 내 땅과의 거리, 혹은 혐오시설물과 내 땅과의 거리를 꼼꼼히 체크해 보아야 한다. 투자의 출발선상에서 머리가 혼란스러운 이유는 거리와 가격이 정비례 관계에 있지만, 상업시설물 인근에 혐오시설물이 존속하기 때문이다. 마치 역세권개발지 인근의 그린벨트나 대형 주거단지 인근의 그린벨트 모형이라 하겠다. 실수요자 입장에선 부담이 크지 않으나, 투자자 입장은 다르다. 결국, 거리와 가격이 정비례하지만 오점 없는 경우는 없다. 혐오시설물과 상업시설물 중간에 내 땅이 있다면 가격이 비쌀 필요가 없다.

그러나 투자자라면 상업시설물의 거리를 파악하기에 앞서 혐오시설물이나 불필요한 공작물이 있는지 인지할 필요가 있다. 예를 들어 철탑 존재 여부를 파악하자는 것이다. 위험물이 들어설 예정지 역시 견제해야 한다.

가격과 가치가 동등한 입장이 아닌 이유가 있다. 초등학교 앞의 땅 가격보단 모텔 앞의 땅값이 더 비싸지만, 가치 면에선 초등학교 앞의 땅이 더 높을 수 있다. 가격구성은 인구의 다양성과 용도의 차이로, 가치는 환경오염 및 분위기로 만들기 때문이다. 가치가 가격이 아닌 이유다. 그래서 반드시 정비례하는 건 아니다.

숙박시설과 학교시설의 차이는 크다. 특히 학교는 지극히 이중적이다. 학교시설사업촉진법에 의거, 특례를 규정하여 학교시설사업이 수월하나, 학교시설보호지구라는 맹점도 숨어 있기 때문이다. 더욱이 상대 및 절대정화구역도 문제다. 인구의 다양성에서 모텔 등 숙박시설과 현격한 차이가 날 수밖에 없다. 부동산 매수 전에 질적 가치를 따질 것인지, 아니면 수익성을 따질 것인지 매수자 입장에서 분명한 기준을 만들지 않으면 안 된다. 땅 투자 시 초등학교 존재가치는 대단한 이슈가 될 수는 없다. 그런데 땅 답사 시 유독 초등학교 존재가치를 지나치다 싶을 정도로 부각시키는 경우가 있다. 그곳에 별다른 지역이슈, 지역랜드마크가 없어서일 거다.

결론적으로 학교가 지역랜드마크가 되는 건 무리다. 그러나 숙박시설의 의미는 좀 다를 수 있다. 학교 주변의 주거인구 대비 관광인구에 관한 변수를 기대할 수 있다. 외국인 관광객이 큰 변수 역할을 할 것이다. 절대적인 곳도 있다. 제주가 그 좋은 예다. 국제자유도시라는 모토에 걸맞게 말이다. 평창도 올림픽 특수효과가 기대에 걸맞게 크게 작용한다면 오지에서 부활의 날개를 펼게 확실하다. 중요한 것은 인구변수가 가격과 가치를 대변한다는 것이다.

땅의 환금성이 높다고 반드시 수익성이 높은 건 아니다

안전성은 환금성 보장을 의미하나, 환금성은 수익성과 정비례하지 않는다. 거래량 높은 물건이 반드시 높은 수익률을 보장하는 건 아니기 때문이다. 기대수익률이 낮은 물건도 많은 게 현실이다. 과장광고의 영향도 무시할 수 없다. 저금리 시대라 여기저기 '수익률 10% 보상'이라는 허위과장광고가 판을 친다. 화려한 개발청사진 역시 문젯거리다. 일단 팔고 보자는 식의 얄팍한 상술 마케팅 전략에 뜻하지 않은 사기 사건이 발생한다.

잘 팔리는 땅이 무조건 좋다는 편견이 문제다. 예를 들어 청약광풍은 일시적 증상에 불과하다. 떴다방들 난입으로 분위기가 어수선하다 보니, 예비투자자들에겐 경황이 없어 오판할 수 있다. 형편없는 땅도 잘 파는 영업사원이 일등 직원으로 대우받는다. 나쁜 물건도 중개 잘하는 자가 일등 공인중개사, 유능한 전문가로 인정받는다. 물론 매도를 의뢰하거나 업체 오너 입장에서 바라본 시각이 그렇다는 말이다.

환금성 높은 물건의 기준은 지극히 단순한 편이다. 우선 지역 명성도가 높은 지역의 물건이 관심 대상이다. 비싸도 잘나가는 이유다. 그렇지만 여전히 비싼 것보다 싼 게 잘 나간다. 싼 게 비지떡이라는 말도 있지만, 아직까지도 소액투자자가 투자전선에 대부분을 차지하고 있기 때문이다. 투자의 개념은 최소비용으로 시작하는 것이니까. 그러나 돈 놓고 돈 버는 사람도 존재한다. 비싼 물건이 거래되는 이유 중 하나일 수 있다.

환금성 낮은 물건의 특징은 무엇인가. 거품이 잔뜩 들어간 하자 많은 물건이 뻔뻔스럽게 버젓이 거래되고 있는 게 현실이다. 그러나 이런 애물단지가 거래 성적이 좋을 리 만무하다. 거래수명이 매우 짧다. 악덕 기획부동산 문제점은 미래가 불확실한 물건을 거품이 잔뜩 낀 가격에 팔고 있는 것이다. 비싼 만큼 그 가치가 높다는 인식을 역이용하는 것이다.

사람이 일시에 집중적으로 몰리는 곳의 특징은 거품이 만연하다는 것이다. 허수와 가수요세력들이 만연해 있다. 실수요자보다 가수요자가 훨씬 많다 보니 고정인구보단 이동인구가 훨씬 많을 수밖에 없다. 즉 시가보단 호가가 만연하고 있다는 증거다. 고정인구는 시가를 형성하지만, 이동인구는 호가를 조성한다. 중요한 것은 환금성과 수익성이 반드시 정비례하는 게 아니라는 것이다. 기대수익률에 관한 만족도를 무시하는 환금성은 무의미한 것이니까.

땅의 취약점 중 하나가 낮은 환금성일 수 있지만, 영원불멸한 땅의 특질이 투자자들의 동기부여가 되는 건 기정사실이다. 개발을 많이 한다 해도 언젠가는 그 한계점에 도달하기 마련이다. 더욱이 노인인구가 급증한 채 젊은 인구가 급감세인 상황에선 개발지역은 임계점에 도달하기 마련이다.

땅은 자연이기 때문에 보호 대상이다. 그래서 규제 대상이기도 하고, 맹지가 비맹지보다 많다. 우리나라 국토가 규제 온상인 이유는 땅 넓이가 지상물이 차지하는 대지지분보다 훨씬 넓어서다. 땅의 영원한 특질 중 한 가지다. 땅은 지목별로 대별하는 경우도 있겠지만, 굳이 연령대로 나눈다면 다음과 같을 것이다.

- 갓난아이와 유아기 **산지나 농지 상태**

- 초등학생, 청소년기 대지 상태(**예** 건부지나 나대지)
- 성인, 어른 지상물 상태
- 노인 낡고 오래된 부동산 대상으로 하는 재건축 및 재개발 사업

토지가격구조가 변했다. 많은 변혁이 일어난 것 같다. 거품 의심 환자(장기 관망자)가 급증하고 있다. 과거의 땅값오름세와 지금의 땅값오름세에서는 격차가 있다. 과거에는 그 오름세에 곱하기(×)를 상용했지만, 지금은 더하기(+)에 불과하다. 과거에는 3×3×3기법 적용이 가능했다. 계획, 진행, 완료시점까지 최고 27배까지 뛰었다는 마치 전설 같은 히스토리도 전해지고 있다. 그러나 지금은 다르다. 예를 들어 2+2, 4배 정도면 성공적이다. 토지가격구조가 과거와 달리 선량해진 것 같다.

서울이라는 곳은 이젠 한계점에 도달한 곳이 되었다. 경기지역으로 이동하는 젊은 인구가 급증하는 모습만 봐도 쉽게 예상이 가능하다. 서울의 거품에 신물을 느낀 사람들이 급증세다. 귀농귀촌시대와 장수시대, 힐링시대와 오버랩 되는 순간이다.

서울 독주 시대가 저 멀리 사라지는 때 경기도 용인의 라이벌은 수원이 될 것이다. 수원 라이벌은 인천, 화성의 라이벌은 평택일 수 있다. 서울의 지역라이벌은 없다. 강남의 라이벌이 없는 것처럼 독보적이다. 분당이나 판교가 강남 라이벌일까? 서울 인구가 급감하고 계속해서 인구 감소현상에 시달린다면, 차후 서울의 라이벌이

될 수도 있다.

수도권의 라이벌은 지방(비수도권)이어야 한다. 경기도가 서울의 라이벌이 될 가능성이 높다. 워낙 경기도의 잠재력이 높기 때문이다. 잠재력 끝이 안 보일 정도다. 지방 일부 지역 사람들은 수도권(서울, 경기, 인천)을 자신의 라이벌 정도로 여길 수 있다. 서울의 라이벌이 발견되는 그때가 국토균형발전에 근접한 때일 것이다. 서울의 강남북 격차, 수도권과 비수도권 격차, 영호남 격차는 없어져야 할 폐단이자 숙제다. 아이러니한 점은 인구와 물가의 문제점이다. 인구와 부동산은 정비례하나, 인구와 물가는 반비례하는 것 같다. 바나나 우유의 가격이 서울보다 경기 광주가 훨씬 비싸다. 수요량 영향을 받는 걸까. 수요가 없다고 뜨내기 상대로 바가지 씌우는 행위는 부당하다.

결론적으로, 수익성에 일방적으로 지배받기보단 땅만의 고유 속성을 잘 알아야 한다. 집과 대비되는 땅 고유의 성질을 감지할 때다. 집과 대비되는 땅 고유의 성질은 다음과 같다.

1. 잠재성이 무궁무진하다.

지상물화 과정이 땅이다. 농지 및 산지전용과정이 그 좋은 예이다. 우리나라는 산과 농지가 많아서 개별적 개발이 필요하다. 개발 이슈의 다양화가 국가 및 사회적 사안, 이슈가 되는 이유다. 소문과 이슈거리에 아주 민감한 반응을 보이는 게 땅이다. 집과 다르다. 땅은 부동산의 연계성과 밀접한 관계에 놓여 있다 보니 인근의 시설물이나 지상물, 공작물 등과 연계될 수밖에 없다.

2. 개별성이 강한 주관적인 성격을 지녔다.

개발의 개별성은 도로모형이 확실한 상태에서 발현한다. 도로모형이 확실한 상태라면 연계 및 접근성과 무관하게 개인적인 개발이 가능하다.

3. 맹지가 난무하고 있다.

중요한 건 맹지 종류가 한 가지가 아니라는 사실이다. 접근성 높은 맹지의 특징 중 하나가 바로 현장감이 높다는 점이다. 사람들이 몰리는 이유다. 주변 변화에 따라 맹지 신분에서 탈출할 가능성이 높다. 그래서 잠재력 높은 땅을 '희망적인 맹지'라고 말하는 경우도 있는 것이다. 그만큼 땅은 땅 자체보단 주변 상황에서 미래를 예측하려는 자세가 필요하다.

PART 02

독이 되는
투자는 피하자

시행착오를 줄이는 방법

경기도 땅값이 계속 오를 수 있는 힘

집값 상승률은 강남 4구가 주축이 되고 있지만, 땅값 상승률은 전국적으로 움직이고 있다. 그중 제주를 비롯해 경기도 일대 땅값이 전국 평균 땅값을 끌어올리고 있다. 서울 집값폭등과 불안으로 말미암아 어쩔 수 없는 상황이다. 서울과의 높은 접근성과 현장감을 자랑하는 경기지역으로 서울인구가 몰리고 있다. 더욱이 경강선 효과를 톡톡히 보는 상황이다. 경강선 덕에 다양한 교통수단이 확대되어 인구 유입, 흡입력이 더욱더 커질 기세다. 환승이 가능하다. 경기도 땅값이 요동칠 수밖에 없는 이유다. 서해선이 완성되는 오는 2020년엔 인구폭증현상이 극에 달할 것이다. 경기도가 대한민국의 랜드마크가 될 게 분명하다. 그 한가운데에선 평택과 화성 등의 지역이 자신의 존재감을 널리 알리고 있다.

서울특별시는 인구가 계속 감소하고 있는데도 아파트 가격은 급상승 중이다. 부동산 불패신화를 쓴 강남지역의 영험이 지금도 여전히 동작 중인 것이다. 더불어 경기도의 존재감의 크기는 날로 커질 것이다.

집값 상승률은 땅값 상승률을 도저히 따라잡을 수 없다. 스피드와 순발력뿐 아니라 잠재력 등에서도 밀린다. 전국적으로 땅값은 지난 7년 간 하락한 적이 없다. 하락을 허락하지 않는 구조다. 그래서 집 부자는 줄고, 땅 부자는 늘어나는 현상이 계속 이어질 것이다. 서울특별시 강남4구만 집값 유지력이 높다. 강남은 부동산1번지다. 안정세를 유지한다. 그들만의 세계가 별도로 존재해 개미가 강남지역에 입성할 수 없다. 그들에겐 접근금지구역이다.

서울의 주택을 가진 사람은 50% 정도이다. 땅 넓이 대비 인구밀도가 높다. 개발공간이 모자란다. 놀고 있는 땅이 수도권엔 많지 않으나, 비수도권엔 많다. 쉬고 있는 부동산이 많다. 인구분포도 대비 공실률이 높고 미분양률이 높다. 인구 증가세력도 비수도권과 수도권은 비교 대상이 될 수 없다. 서울과의 높은 접근성으로 생긴 현상과 결과다.

집 거지가 늘어나면 땅주인이 늘어날 확률이 높다. 하우스푸어는 집을 의식주 중 하나로 여기지 않고 투자로 여기기 때문에 생긴다. 서울 평균집값은 이미 6억 원을 훨씬 넘은 상태다. 이는 내 집 마련 포기자, 장기 연기자를 다량 양산하는 요인이 되고 있다. 집 입장에선 세월이 약이 아닌 독이다. 땅값은 오르는 수가 많으나, 집값은 정반대로 흐르고 있기 때문이다. 꿩(집) 대신 닭(땅)으로 옷을 갈아입으려는 젊은 세력들의 위세를 무시할 수 없다. 꿩값보다 닭값이 더 싸지만 무조건 가치가 낮다고 볼 수는 없다. 의식주 중 주택부담률이 높아지자 의식(먹는 것과 입는 것)에 투자하는 경우가 주(부동산)에 투자하는 경우를 훨씬 압도하는 수준에 이르렀다. 높은 실업률과 무관치 않다. 직업이 불안한 사람에겐 대출벽도 높다. 서울에선 6억 원이라는 거금으로 주(住)를 해결해야 한다.

소형 땅에서 해결점을 모색할 만하다(땅의 성격을 잘 알고 있다면 말이다). 5000만원~1억원 안팎에서 움직임이 가능하다. 집은 소액투자의 대상물이 될 수 없다. 대출을 하지 않으면 안 된다. 단독주택에 투자하는 경우는 극히 적으므로.

땅은 소액투자의 전유물로, 분할작업을 거칠 수 있는 재화다. 서울에서 살고 있는 50% 정도의 무주택자가 월세 및 전세로 있고, 설령 집이 있더라도 매달 은행에 월세조로 이자를 내고 있는 실정이다. 이자부담률이 높아 내 집 마련을 군이 하지 않으려 든다. 보유세 부담률 역시 낮다고 볼 수 없다. 땅 대비 개별공시지가와 시가가 거의 비슷한 게 집이다. 월세를 받을 목적으로 대출을 받아 집을 매매하다 이자를 연체하는 날엔 날벼락이 떨어질 수 있다.

전국적으로 땅주인은 30% 안팎이다. 서울에서 주택 소유자가 50% 정도에 장기간 머물 때 전국적으로 땅 소유자는 30%를 훨씬 육박할 것이다. 더욱이 전원 및 귀농시대이기 때문에 개별적으로 땅을 필요로 하는 인구는 늘어날 전망이다.

젊은층에서 선풍적인 인기를 얻고 있는 갭투자도 늘고 있다. 그러나 땅값 대비 집값은 불안하다. 새로운 유형의 집 거지가 발생할 수 있는 것이다. 0원으로 시작할 수 있는 갭투자의 성질보단 최소액으로 시작할 수 있는 땅 성질이 훨씬 앞선다고 본다. 생명력과 잠재력, 지속력 면에서 훨씬 유리하지 않은가?

고수가 투자에 실패하지 않는 근본적인 이유

집 매수를 마치 땅 투자처럼 하면 실패 확률이 높다. 땅 투자를 마치 집 매수하듯 한다면 역시 결과는 나쁠 것이다. 땅은 투자종목이지만 집은 실수요 공간이기 때문이다. 땅은 의식주 중 주가 될 수 없다.

'집'은 공부(공적서류)보다 현장모형에 집중해야 할 재화이지만 '땅'은 그 반대 입장이다.

'집'은 환경오염에 예민하고 '땅'은 환경오염 등엔 둔감한 편이다. 소음과 매연, 폐수 등이 있다면 근처에 산업단지가 존재하고 있다는 뜻이다.

'집'은 현재가치에, '땅'은 미래가치에 투자하는 것이다. 땅 보는 방법이 집 보는 방법보다 난해한 이유다.

아파트 미분양과 거품이 우려되는 상황이다. 거대도시 용인시가 그에 해당한다. 땅은 미분양과 무관하나, 가격거품이 문제가 될 수 있다. 땅 투자의 하수와 고수의 차이점은 급소 모색의 차이다. 공부 잘하는 학생의 특징은 급소(핵심)를 찾아내어 공부한다는 것이다. 권투 세계챔피언 역시 상대의 급소를 잘 찾는다. 하수는 급소 외를 세게 때려 체력만 낭비한다. 부동산 하수는 엉뚱한 곳에서 급소를 모색한다.

　보통, 현장을 방문하기 전에 사진과 그림을 본다. 그러나 부동산의 사진과 그림의 차이는 크다. 개발청사진과 조감도는 사진이 아니라 그림이다. 화려한 그림은 초보자를 유혹하는데 미혹당하면 큰일이다. 화려하고 큰 그림일수록 자연보호 대상이다. 즉 규제 대상일 수 있다.

　'집' 매수는 겉모양을 보고 움직이는 경우이다. 다만, 재개발 여부를 감지할 필요가 있다. 변수작용이기 때문이다. 지상물이기 때문에 겉과 속이 거의 같다.

　'땅' 매수는 겉과 속을 보고 움직이는 경우이다. 규제의 온상이기 때문이다. 미완성물이기 때문에 겉과 속이 다르다. 겉은 현장 모형이지만, 속은 서류 상태를 말하는 것이다.

　'집'은 이웃사촌을 잘 만나야 한다. 삶의 질이 중요하기 때문이다. 또 집주인들이 리모델링(아파트는 제외) 등 개보수작업을 할 수 있는 능력을 보유한 상태라면 좋다. 이 능력이 그 집 인근에 있는 내 땅에 작은 영향력을 행사할 수 있는 것이다.

'땅' 역시 이웃사촌(지주들)을 잘 만나야 한다. 이웃 지주들이 전용과정 등을 밟아 땅 리모델링과정을 밟으면 내 땅도 간접 영향을 받아 변혁의 발판을 만들 수 있기 때문이다. 내 땅 인근의 지주들이 개별적으로 개발 능력이 있다면 더욱 좋다.

집의 종류는 단독주택과 공동주택으로 나뉘지만, 땅의 종류는 28개의 지목이 있다. 그렇지만 집의 종류도 진화, 변화, 다양화 중이다. 땅 모습 역시 다양화로 진화 중이다. 28개 지목 외 건부지, 맹지, 생지+녹지 등이 있을 수 있다.

인구 감소의 원인과 증가의 원인

대기업 옆 중소기업은 불리한 조건에 놓여 있다. 마치 우등생 옆에 서 있는 열등생 모습이다. 대도시 옆 중소도시 역시 불리한 여건에 있다. 비교대상이 될 수밖에 없기 때문이다. 대도시로 중소도시 인구가 유입될 가능성이 높다.

대도시는 편익공간의 활용도가 높고 다양해서 대중성도 높다. 개발계획의 그림이 크고 다양하다. 중첩규제가 문제가 안 되어(수도권정비계획법) 중첩 개발이 가능하다. 다양한 인구구조로 개발의 정당성과 다양성을 모두 인정받을 수 있다. 그렇다고 대도시 옆 중소도시에게 희망이 전무한 건 아니다. 대도시 옆 중소도시에 개발계획이 존재한다면 대도시 인구를 끌어올 수 있다. 투자자가 끊임없이 급증하는 것이다. 대도시에 반드시 개발청사진이 있는 건 아니기 때문이다.

큰 부동산 옆 작은 부동산 역시 불리하다. 주상복합아파트 옆 구옥의 존재가치는 낮아질 게 분명하다. 세월이 곧 독이다. 갈수록 존재감이 떨어질 것이다. 그러나 큰 부동산의 공실률이 높아지고 있다. 대도시에서 큰 부동산이 환대받는 건 아니다. 작은 부동산의 가치가 훨씬 높다. 역세권 소형부동산의 인기는 식지 않는다.

하지만 소형부동산이라고 해서 무조건 인구가 몰리는 건 아니다. 접근성이 중요하다. 역세권 내 중대형아파트와 역세권 소형아파트의 차이는 크다. 소형가구가 급증하는 현상에 집중할 필요가 있다. 지금은 실용성이 곧 잠재성이다. 1~2인 가구와 비경제활동인구의 공통점을 제대로 파악할 필요가 있다. 대도시 속 작은 부동산이 최고의 가치를 구가할 것이다.

인구 감소지역이 있는가 하면 증가지역이 있기 마련이다. 규제지정지역이 있다면 규제해제지역도 있다. 예를 들면 어떤 지역은 군사시설 이전으로 군사시설보호구역이 해제되는가 하면, 다른 지역은 규제지역으로 지정된다. 인구가 감소하는 이유는 크게 2가지다.

- **거품가격이 무서워 이동하는 경우** 서울 인구가 경기 및 지방으로 이동한다.
- **각종 편익시설물이 부족하여 대도시로 이동하는 경우** 산업공간, 상

업공간 즉, 좋은 일자리가 부족하여 젊은 인력이 대거 인근 거대 및 대도시로 이동한다. 지방 오지의 경우가 이에 해당할 것이다.

인구와 거래량 관계를 파악할 필요가 있다. 인구가 늘면 부동산 가격은 상승하기 시작한다. 거래량이 늘었기 때문에 가격상승폭에 관한 만족도가 높다. 가격이 오르면 거래량이 증가하고, 가격이 떨어지면 거래량은 감소한다. 하지만 인근 시세 대비 저렴하면 거래량은 증가한다.

투자수익에 관한 기대감이 증폭되기 때문이다. 그러나 무조건 싸고, 가격이 떨어진 상태라고 해서 거래량이 늘어나는 건 아니다. 가격이 떨어진다는 건 그 지역에 문제점이 있다는 것이다. 인구유출현상이 좋은 예다. 눈치 빠른 사람은 접근하지 않는다. 즉 가격하락세의 이중구도는 항시 존속한다.

경제활동인구(65세 이하 인구)와 생산가능인구(15~64세)가 가격상승폭을 늘린다. 단순한 유동인구보단 주거 및 고정인구 활동영역에 따라 가격폭은 결정된다. 거래량 역시 인구의 질적 가치에 따라 변수가 작용하기 마련이다. 지역 중심축이 가수요자인지 실수요자인지를 따지지 않으면 안 되기 때문이다. 실수와 가수가 함께 움직이는 곳이 잠재력과 자제력을 동시에 갖춘 매력적인 곳이다.

역세권 개발과 다양한 인구 유입효과

개별적으로 부동산 공부를 열심히 할 수 있는 열정과 힘은 어디서 나오는가. 부동산 공부가 필요한 이유는 부동산 분석력을 한 차원 높이기 위해서다. 분석력을 높이면 실수가 줄어든다. 특히 인구 분석력을 높이는 이유는 현재 난개발과 공급과잉의 광풍이 심히 우려되는 시대이기 때문이다. 미분양과 높은 공실상황을 제대로 파악하기 위해 공부가 필요한 것이다. 결국 부동산 공부는 시대 변천과 관련이 깊다. 지금은 인구가 급증하고 개발이 반드시 필요했던 과거와 다르다.

역세권개발은 땅 투자자들에겐 큰 화두일 수 있으나, 역사가 완공된다고 해서 용도지역과 지목이 반드시 환골탈태하는 건 아니다. 여전히 농지로 보전되어 있고 농림지역이나 개발제한구역 상태로 방치된 경우도 많다. 그러나 역사가 개발완료 되었다는 건, 실수요 공간의 완성도가 높다는 의미다.

문제는 다양한 각도의 인구 유입이다. 용도와 지목이 변하지 않았다고 해서 인구 유입에 걸림돌이 되는 것은 아니다. 친환경을 목적으로 역사를 개발한다면 그 의미는 클 것이다.

중요한 것은 지상물들의 화려함과 세밀함, 희소가치가 아닌, 인구 유입을 통한 지역발전인 것이다. 용도가 변하고 지목이 변하고 개별공시지가와 면적이 변해도 인구가 유입이 되지 않는다면 그곳은 희망적일 수 없다. 다양한 각도의 지상물 구조가 있다 해도 인구가 기대와 다른 방향으로 간다면 골칫거리다. 개발효과가 기대에 미치지 못한다. 개발효과는 다양한 인구구조로 감지하는 것이다.

역사 위치와 입지가 얼마나 중요한지 기존 역사들의 존재가치를 통해 잘 알 수가 있다. 역 효과가 기대 이하인 경우도 있다. 개발효과에 대한 기대 기간을 연장하는 경우다. 역 개발과 그 효과를 톡톡히 보기 위해 많은 이들이 용도와 지목, 개별공시지가, 면적 등에 신경 쓴다. 토지이용계획확인서를 통해 대략적으로 알아볼 수가 있기 때문이다. 그러나 위치가 우선이다. 역사 위치가 매우 중요하다. 개발기간 및 그 효과가 투자자 입장에선 매우 궁금한 사안일 것이다.

마곡나루역사 주변은 도시지역 일반상업지역으로 분포되어 있어 개발효과에 관한 기대감이 증폭되어 있다. 그러나 지목은 여전히 답(논) 상태다. 역사 토지이용면적은 m^2당 $65m^2$다. 개별공시지가는 m^2당 20만원을 조금 넘는 수준이다. 현장 변화속도는 빠르지만, 주변 지목이 논이며 그 규모가 광범위하다.

오이도역이나 신길온천역은 개발제한구역이다. 여의나루역 지목은 하천이고, 용도는 자연녹지지역에 머물러 있다. 용인경전철 지석역은 지목이 임야이고, 철도보호지구(철도경계선으로부터 30m 이내 지역)로 지방2급 하천 상태이다. 자연녹지지역으로 개별공시지가는 m^2당 6만원을 호가한다.

어정역도 자연녹지지역으로 지목은 답 상태다. 지방2급 하천으로 지정되어 있다. 종착역인 전대, 에버랜드역 지목 역시 하천이다. 자연녹지지역으로 지방2급 하천이다. 군사시설보호구역과 철도보호지구로 묶인 상태다. 하천구역에 수질보전특별대책지역으로 지정되어 있다.

둔전역 역시 지목은 답으로 지정되어 있고, 용도지역은 자연녹지지역에 수변경관지구로 지정된 상태다. 군사시설보호구역과 수질보전특별대책지역에 놓였다.

보평역 지목은 전(밭)이다. 자연녹지지역에 수질보전특별대책지역이다. 중요시설물보존지구로 지정되어 있다. 중요시설물보존지구는 국토의계획 및 이용에 관한 법률상 용도지구 중 보존지구의 하나로 국방상, 안보상 중요한 시설물의 보호와 보존을 위해 필요한 지구다.

수도권 거대도시 중 하나인 용인 경전철 주변의 용도의 수준과 존재성은 그다지 높지 않다. 의정부 경전철의 경우는 어떨까? 의정부역은 일반상업지역과 중심미관지구로 분류되어 있으나 의정부시청역의 지목 상태는 답 상태다. 용도지역은 자연녹지지역, 근린공원으로 지정되어 있다.

1호선 동인천역은 특별관리해역에 해당하여 해양자원 보존가치가 높아 정부가 개발제한을 가할 수 있다. 수색역은 외형과 달리 군사시설보호구역에 비행안전 제2구역으로 지정된 곳이다. 그러나 지상물 구조가 다양한 잠재력 높은 곳으로 정평이 나 있다.

신내역 역시 군사시설보호구역(제한)에 자연녹지지역으로 배치된 상태다. 개발제한구역으로 지정되어 있다. 경춘선 사릉역도 개발제한구역에 자연녹지지역 상태로 지목 상태는 밭이다. 개별공시지가 수준은 m^2당 8만원 정도이다.

금곡역도 개발제한구역에 자연녹지지역이다. 지목 역시 밭으로 분류되어 있다. 천마산역도 지목이 밭 상태다. 검암역도 개발제한구역인 상태이고, 청라국제도시역 지목이 답 상태다. 일반상업지역과 자연녹지지역으로 분류되어 있다. 제1종 지구단위계획구역이다.

공항화물청사역도 지목은 답이고, 자연녹지지역에 최고고도지구다. 인천국제공항역 지목은 잡종지다. 자연녹지지역에 역시 최고고도지구에 묶였다. 제3종구역(공항소음방지 및 소음대책지역 지원에 관한 법률)이다.

수락산역은 미관지구 건축선으로 지정되어 있다. 군사시설보호구역이다. 도봉산역은 개발제한구역에 군사시설보호구역(제한)이다. 상일동역 역시 군사시설보호구역으로 묶인 채 비오톱1등급으로 상수원 보호 대상 지대다. 분당 서현역은 중심상업지역이다. 지구단위계획구역이나, 비행안전 제2구역으로 지정된 상태다.

경의중앙선 월롱역 지목은 유지(예 저수지)다. 공시지가는 m^2당 2만원 수준이다. 용도는 농림지역 상태이고, 군사시설보호구역(제한)으로 지정된 곳이다. 파주역 지목은 잡종지로 계획관리지역에 개발진흥지구로 지정된 곳이나, 군사시설보호구역으로 개별공시지가는 ㎡당 9만원 수준에 머물러 있다. 현장감이 몹시 떨어진다. 장기간 개발 진행이 보류되어 있고, 미진한 상태다.

송도역 지목은 임야다. 용도는 보전녹지지역과 자연녹지지역으로 분류되어 혼용하고 있다. 공익용 보전산지가 존속 중이다. 인천 1호선 동막역의 지목 상태는 밭이고, 용도는 자연녹지지역이다. 자연경관지구에 예속되어 있다. 가평역은 일반상업지역과 제2종 일반주거지역으로 분류된다. 택지개발이 진행 중인 지축역 일대는 철도용지에 자연녹지지역으로 개발제한구역이다. 오랫동안 개발이 지지부진한 상태였는데, 서서히 변하는 중이다. 원당역도 지목은 철도용지이고, 자연녹지지역에 개발제한구역이다.

필자가 대략적으로 나열한 역사 상황은 모두가 미래가 어둡다고 할 수는 없지만 그렇다고 만족스런 역사의 모형은 아니라 본다. 재해석, 분석하기 나름이지만 말이다. 역사 주변의 변수는 누구도 모른다. 변수가 심한 곳이 역사 개발 및 완료 지역이기 때문이다. 개발이 진행 중에 있거나 개발완료에 관한 기대감 및 효과를 고대 중인 역사도 있는 법이니까.

결론적으로 역사의 필요성을 파악하지 않으면 거품가격에 괜한 큰돈을 버릴 수 있으니 신중한 역사 선택에 집중하지 않으면 안 될 것이다. 역사 규모 대비 질적 가치가 우선이다. 개발 규모보다 존재 가치의 크기가 역사 성공 여부의 열쇠가 될 것이다. 외형보단 내실 (실용성)을 기하는 곳이 성공을 기약한 역사이다.

결국 역사의 성공은 다양성을 함유한 인구의 유입 및 증가에 달렸다. 인구성적표가 역사 성적표를 적극 대변한다. 물론 가수요자 중심의 유동인구를 의미하는 게 아니라, 고정 및 주거인구의 동태를 강조하는 것이다.

하수와 고수가 바라보는 애물단지와 보물단지의 기준

중첩규제를 제대로 풀 수 있는 방도는 중첩개발이다. 다양한 개발노선을 걷는다면 무난할 것이다. 거품만 주의한다면 안정적이다. 거품에 크게 노출된 부동산은 지역애물임에 틀림없다. 공식적으로 애물단지의 기준은 존재한다. 산업단지와 주거 및 관광단지가 들어섰지만 고정 및 주거인구, 관광인구가 부실하다면 단지가 전격 애물단지로 변질되는 것이다. 인구 없는 단지는 지역 흉물로 잔존하기 마련이다. 고령인구가 급증하고 있다면 이 역시 애물이 될 가능성이 높다.

보물단지는 산업단지와 주거 및 관광단지가 여러 유형의 인구로 꽉 차 있다. 산업단지에 필요한 고정인구가 급증하고(단, 인력이 필요하지 않은 자동화 공단이라면 문제가 될 수 있다) 주거단지에 미분양 현상이 일어나지 않는다면 안정적이다. 그리고 관광단지의 숙박시설 공실률이 낮다면 보물단지로 격상될 것이다.

· 산업단지+관광단지+주거단지=애물단지(미분양과 공실이 많은 경우)

- 산업단지+관광단지+주거단지=보물단지(다양한 인구구도를 그리는 경우)

인구가 급증하는 단지는 보물단지요, 인구가 급감하는 단지는 지역애물단지로 잔존하기 마련이다. 투자자는 부동산에 관한 성격을 제대로 인식하지 않으면 안 된다. 부동산은 상황성에 일방적으로 지배받을 수 있는 재목이기 때문이다.

실수요 명분이 강한 부동산의 경우, 재료비용(例 생땅)과 기술비용(건축비용 등)이 필요하다.

투자가치를 조율할 만한 부동산인 경우, 재료비용과 잠재성에 소요되는 노력과 열정 등이 필요하다. 기술비용 대신 잠재성이 포함된다. 기술부분을 잠재성이 적극 대변하는 것이다. 예를 들면 주변 변수에 영향력을 받는 것이다. 용도변경현상이 일어날 수 있다는 기대감이 증폭되기 때문이다. 잠재력의 특징은 가격이 정해진 바가 없다는 점이다. 다양한 가치와 변수 때문이다. 기술력의 특징은 어떤가. 가격이 정해진 상태다. 변수가 전무하다.

하수와 고수는 땅의 가치를 나누는 기준이 다르다. 하수는 순수한 자(상수에 노출된 자)이고, 고수는 변수에 능통한 자이기 때문이다. 하수는 허수에 예민하다. 고수는 시행착오를 하더라도 손실을 줄일 수 있다. 부동산 고수와 하수의 차이는 부동산 가치의 차이를 조율할 만한 능력에서 온다.

예를 들어 자동차 수리비가 자동차의 가격보다 비싸다면 새 차를 구입하는 편이 훨씬 유리하다. 그러나 부동산은 다르다. 내 집 수리비용이 집값 대비 부담이 크다 해도 수리를 하지 않으면 안 된다. 환금성이 0에 근접한 지역애물로 잔존할 확률이 매우 높아서다. 이것은 환금성 때문만이 아니라 잠재성 때문이다. 땅(대지지분)이 존속하므로 새 집을 사는 대신 헌 집을 수리하는 것이다.

하수는 기준부터 익히고 나서 기본을 습득하려 든다. 기본부터 익힌 뒤 변수인 기준을 접하는 게 순리인데 말이다. 원칙을 알고 나서 변칙(기준과 노하우)을 깨달을 수 있는 것이다. 원칙 없는 변칙은 없다. 원인 없는 결과 없듯 말이다. 순리를 저버리면 땅 투자와 집 매입 과정에서 혼란스럽다.

초보자들이 자주 실수하는 일이 바로 땅 투자와 집 매입의 의미와 과정이다. 타이밍에 투자하는 것이 땅이고, 장소에 투자하는 것이 집이다. 땅은 입체적이지 못하나, 집은 입체적이기 때문이다. 땅은 잠재력에 투자한다. 환금성과 잠재성이 중요한 이유다. 집은 현재에 투자하는 종목이다. 편익성과 활용성이 중요한 이유다.

땅의 경우 투자 시점을 놓치면 장소, 위치를 새로 다시 찾는다. 즉 위치가 곧 시간인 셈이다. 가치의 재료가 위치와 시간이고, 시간의 재료가 바로 위치(장소)인 것이다. 시간은 장소에 일방적으로 지배받는 것이다. 개발 위치에 따라 투자시점이 달라지기 때문이다.

초보자의 현장답사 준비물

부동산의 미래는 변수의 다른 말이다. 과거에 투자하는 자는 하수이다. 과거 성공사례를 맹신하면 결과에 대한 만족도가 낮다. 현재에 투자하는 자는 실수요자다. 미래에 투자하는 자는 진정한 부동산 투자자가 될 수 있다. 현재와 미래에 투자하는 자는 실수요 겸 투자 목적이 있는 자이다.

놀고 있는 지상물은 애물이다. 공실률이 높기 때문이다. 다양한 인구는 보물이다. 공실률이 낮아서다. 섬에 투자하는 사람도 있다. 장기투자나 실수요 명목이 강하지만, 조망권에 투자하는 스타일이다. 산 투자는 뭍에 투자하는 행위로 지상권에 투자하는 스타일이다.

현장답사 시 준비물에는 물리적인 것과 정신적인 것이 있다. 메모지와 사진기, 그리고 결단력과 판단력이 필요하다. 접근성과 개발 위치에 관한 사안을 정밀히 분석할 수 있다. 어디에 투자하든 예비지주가 현장답사 이후에 할 일은 상세하게 기록하는 것이다. 현장에서 사진 촬영을 하여 현장의 변화된 모습을 기록으로 남긴다. 크고 작은 다양한 도로들의 상황을 분석해야 하기 때문이다. 도로를 통한 연계성과 접근성을 따지는 과정이다. 땅 자체로만 보면 해답을 찾기가 어렵다.

요즘은 워낙 인터넷이 발달하다 보니, 지번으로 땅의 미래를 관측할 수도 있다. 그러나 초보자와 경험자의 행동에서 그 차이점은 여실히 드러나기 마련이다. 초보자가 급소로 오인하는 것은 지역의 명성 및 지역명, 용도지역과 지목상태(**예** 대지, 건부지), 화려한 땅 모양새(**예** 택지) 등이다. 심지어 개별공시지가에 예민한 반응을 보이기도 한다. 공시지가가 절대적인 것처럼 말이다. 가격기준을 정한다. 참조 수준을 넘다 결국 투자를 포기한다.

반대로 고수는 초보자가 예민한 부분을 작은 참고사항으로 여긴다. 중요하게 여기는 급소부분은 따로 있기 때문이다. 고수는 접근성인 '위치'에 사활을 건다. 모든 부동산은 길로 통하기 때문에 그런 것이다. 가치가 높은 주변의 지목상태와 용도상태, 그리고 인구분포도(유동 및 주거인구, 노인인구와 젊은 경제인구 등) 등은 좋은 길목에 있다.

초보자가 투자하기 쉽지 않은 이유는 모든 걸 다 잡아보려는 큰 영욕 때문이다. 급소를 잡지 못한 상태라 투자 결정이 쉽지 않은 것이다. 반면, 경험자나 고수들은 한두 가지 사안을 놓치더라도 가장 중요한 핵심사안을 보고 투자한다. 결국 아주 중요한 투자조건은 한두 가지이다. 모든 조건을 만족시키는 부동산은 존재할 수 없다. 현실을 외면한다면 투자하지 못한다. 공상만화소설(개발청사진과 그 화려함)을 보고 투자할 수는 없는 것 아닌가.

위험한 개발지역은 접근금지구역이다. 그 기준은 따로 정해져 있다.

- 접근성이 낮은 곳에 개발계획이 잡힌 경우 **개발지역 위치가 중요하다.**
- 인구 감소가 우려되는 지역에 개발계획이 잡힌 경우 **고정인구와 주거인구 중 주거인구가 더 중요하다. 고정인구는 산업경제인구, 유동인구는 관광인구이기 때문이다. 즉 각종 지상물이 있는 이유는 곧 주거인구 때문이다.**

요즘은 주거시설의 미분양현상과 상업 및 업무시설은 높은 공실률을 걱정하지 않을 수 없다. 개발의 정당성과 합리성을 공부하지 않으면 안 된다. 위험한 개발지역에 투자하면 투자자 입장에서 당연히 리스크가 클 수밖에 없다. 우선 거품가격에 희생되어 실패 확률이 높아질 수밖에 없다. 환금성을 보장받을 수 없기 때문이다.

안전한 개발을 보장받을 수 있는 조건은 접근성과 인구 증가율이 높고 거품가격이 형성되어 있지 않는 것이다. 접근성과 인구 증가율이 높다고 해서 반드시 가격도 높아야 하는 건 아니니까. 접근성과 인구 증가율을 통해 잠재력을 체크하는 과정에서 가격이 너무 높다면 투자 가치가 떨어진다.

- **부동산 가치가 높은 곳의 특징** 귀와 코와 눈이 늘 즐겁다. 삶의 질

적 가치가 높다. 소음, 악취 등은 인간에겐 건강의 적신호다.

- 부동산 가격이 높은 곳의 특징 개발이 진행 중이다. 가치와 가격은
  별개사안인 경우가 있다. 투자가치에 집중한다. 개발완료 때까지 지
  역이슈가 지속될 것이다.

초보 투자자는 토지이용계획확인서와 지자체 개발계획도(예
2020평택시개발계획도)의 의미와 존재가치가 같다고 생각한다. 투
자자 입장에서 토지이용계획확인서와 지자체 개발계획도에 예민
한 건 개발계획도에 따라 현재의 토지이용계획확인서 내역이 진보
할 수도 있기 때문이다. 하지만 이 자료는 참고용으로만 봐야 한다.
그렇게 되지 않더라도 법적 책임을 물을 수 없기 때문이다. 하지만
실수요자에게 토지이용계획확인서는 100% 중요한 자료이자, 공
부(공적서류)다. 이들은 현재가치에 집중한다. 투자자는 이 차이점
을 이해하는데 노력하지 않으면 안 된다.

투자 시 절대 하지 말아야 할 행동 3가지

투자의 이유는 다양할 수밖에 없다.

- 지역의 특성을 보고 투자하는 경우 안정적이다. 지속적이고 생명력
  이 강한 상태다.
- 뉴스를 보고 투자하는 경우 변수가 많아 불안하다. 대부분의 투자

자가 이 경우에 해당한다.

뉴스의 오보를 정보로 오인하는 경우가 태반이다. 정보가 진보적이면 좋으련만, 꼭 그렇지 않다는 게 문제다. 뉴스는 시간적 제약을 일방적으로 받을 수 있어 오판할 확률이 높다. 시간이 그만큼 빠르다는 것이다. 보도가 된 후 단 몇 분 만에 상황이 바뀌는 경우도 많고, 가짜뉴스도 많은 편이다. 뉴스가 반드시 팩트는 아니다. 팩트가 현실을 적극 대변할 수 있을까? 미래를 적극 대변할 수 있을까? 의심스럽다. 그래서 팩트와 뉴스 등을 분석할 만한 능력이 필요하다.

다음은 성공적인 땅 투자를 위해 절대 하지 말아야 할 3가지이다.

1. 비전문가와 전문가 구분을 못해 묻지 마 투자를 하는 것

아파트전문가에게 토지 자문을 구체적으로 받는다면 급소를 못 볼 수도 있다. 물론 아파트전문가 겸 토지전문가로 활동하는 분도 있을 수 있으나, 집중도 면에서 1% 부족할 수 있다.

2. 아파트를 답사하듯 땅을 답사하는 것

실수요자가 바라보는 현장의 눈높이와 투자자가 바라볼 수 있는 현장 눈높이는 극과 극이다. 콩 심은 데 콩 난다. 투자자가 실수요자 행동지침을 따른다면 시행착오를 겪는 건 당연한 일이다. 당연히 만족도가 0에 근접할 것이다. 자신의 무능을 모른 채 남 탓만 하고, 사기 당했다고 말한다. 황금알을 낳을 만한 곳을 선점해달라는 요청에 앞서 자신의 지혜도 정밀하게 점검해보자.

3. 토지이용계획확인서를 맹신하고, 부동산공법을 십계명으로 인지하는 것

이는 투자자가 아닌 실수요자에게 필요한 것이다. 실수요자는 현재의 가치에 투자하지만 투자자는 미래에 투자하는 사람 아닌가. 극과 극이다. 남의 길을 가면 안 된다. 부자의 길을 가기에 앞서 부자의 행동들을 나의 처지에 잘 맞게 응용하는 게 바로 성공의 길로 나가는 바로미터일 것이다.

규제의 의미 바로 알기

우리나라 땅의 특징은 규제와 맹지가 많다는 것이다. 난개발과 공급과잉, 미분양과 공실 현상이 지배하는 구조 속에서도 여전히 미개발지가 다량 속출하고 있다. 불요불급한 곳에 개발을 하고, 반드시 개발이 필요한 곳에 개발을 하지 않는 통에 벌어진 사단이다.

규제와 맹지에 예속된 땅을 매수하는 자가 있다. 땅 고수들이다. 굳이 규제와 맹지를 선택한 이유가 무엇일까. 하수들은 도무지 이해가 가지 않는다. 그들은 개발 시 규제가 해제되고, 맹지에 도로가 크게 설 수 있다는 확신을 가지고 투자한다. 규제(예) 개발제한구역이

나 군사시설보호구역) 해제가 안 되는 일이 있지만 크게 개의치 않는다. 일부만 해제되는 경우 문제이나 실수요자 입장에선 별다른 문제가 없고, 투자자 입장에서도 큰 불이익은 발생하지 않는다. 도로가 생기고 인구가 늘면서 가격이 상승될 테니까.

반면 하수는 규제 없는 땅과 규제 있는 땅, 맹지와 비맹지로 구분하는 흑백논리에서 벗어나지 못한다. 더 큰 의미를 부여할 만한 정신적인 여유가 없기 때문이다. 규제 강도와 맹지 강도를 구분하지 못한다면 개발지역 땅을 살 수 없다. 접근성 높은, 즉 위치가 괜찮다 싶은 지역에 규제가 있는 땅과 맹지가 있는데 그런 사안을 분석할 수 없으니 말이다. 접근성이 좋은 맹지와 접근도가 몹시 떨어진 맹지 정도는 구분할 수 있어야 한다. 어차피 땅 매수는 맹지 속에서 이루어지는 법이니까. 상업지 인근엔 항시 녹지공간이 포진되어 있는 것처럼 개발지 인근에도 항상 맹지가 공존하고 있다.

고수들은 규제의 중요성과 필요성을 자주 강조한다. 규제의 의미를 모르면 부동산 주인이 되기 쉽지 않다. 국토는 규제의 온상이기 때문이다. 규제를 잘 파악해야 하는 이유는 또 있다. 규제의 의미가 바로 자연 및 인간 보호이기 때문이다. 자연을 크게 훼손하면 건강에 적신호가 크게 켜질 게 분명하기 때문이다. 삶의 질적 가치가 높아질 리 만무하다.

결국 규제가 '건강'으로 연계되는 것이다. 개발을 하되 대자연의 특징을 어느 정도는 유지하는 게 중요한 것이다. 규제가 없다면 오염도가 높아져 인간은 각종 질병 등에 크게 노출될 수밖에 없다. 건강 위험도와 규제 수위는 정비례한다. 예를 들어 군사시설보호구역의 경우 해당 지역주민의 안전에 신경 쓰는 것이다. 규제가 무조건 안 좋은 것이 아닌 이유다.

규제는 보호 대상이다. 규제는 크게 자연보호와 국방의 보호로 나뉜다. 개발제한구역, 수변구역 등(자연적인 입지)은 자연보호이고, 군사시설보호구역(비행안전구역) 등(군사기지 및 군사시설보호법에 의거)은 국방의 보호에 해당된다.

군사 관련 시설물의 특징은 주거지든 상업지든 상관없이 그 인근에 언제든지 입성이 가능하다는 것이다. 대한민국 곳곳이 북한 침투에 노출된 상황이라, 침투대상에서 예외일 수 있는 곳이 단 한 곳도 없기 때문이다. 그런데 군사시설물 이동에 따라 땅값이 들썩인다. 자연보호지역과 근본적으로 다르다. 군사시설이 들어섰다고 해서 삶의 질이 무너진다고 볼 수 없다. 군부대 옆이라 땅값이 폭락할 것이라는 사고는 무모하다. 물론, 훈련 때 각종 소음이 문제지만 자연보호 속 국방의 보호가 불안감을 증폭시킬 정도는 아니다. 규제란 궁극적으로 사람 보호의 의미를 내포하고 있다.

규제의 특징은 두 가지 얼굴을 가지고 있다. 규제의 양면성을 알지 못한다면 투자가 버거울 수도 있다. 미완성물인 땅의 경우와 완성물인 지상물의 경우, 그 처지와 상황이 일치할 수 없다. 지상물의 경우, 물 보호지역과 산 보호지역은 가치를 높일 수 있는 기회의 공간일 수 있다. 힐링공간 재료가 곧 맑은 물과 공기일 수 있기 때문이다. 반면 땅의 경우엔 자연보호지역이 걸림돌이 될 수 있다. 미완의 땅은 개발이 필요한 상태이기 때문이다. 자연보호 자체가 땅값 하락의 원흉일 수 있다. 개발이 불요불급한 완성물인 지상물과 대비된다.

그린벨트와 국립공원 역시 땅과 집의 상황은 판이하다. 그린벨트와 국립공원 인근이라고 해서 집값이 저렴하다고 할 수 없다. 국립공원은 웰빙 생활의 강한 원료가 될 수 있기 때문이다. 지역주민의 건강을 책임진다. 그러나 땅의 경우는 다르다. 활용도에 제약이 따르기 때문이다. 역시 땅은 개발을 필요로 하는 미완의 부동산이므로 개발청사진이 없는 상황에선 그린벨트 자체가 절망적이다. 활용범위가 변할 수 없는 환경이 계속 유지되기 때문이다.

중요한 것은 규제 위치다. 접근성 높은 곳에 규제가 가해진 경우라면 희망이 있지만 그 반대 입장이라면 방법이 없다. 이게 바로 집과 땅의 차이점이다. 규제의 사슬에 묶인 땅은 개발청사진이 필요하고, 규제에 처한 집은 아무 걱정 없다. 다만, 집을 투자 명분으로 보유하고 있다면 이야기는 달라진다. 그렇지 않다면 내 집 주변이 그린벨트에 묶여 있다고 해서 사는데 큰 불편함은 없을 것이다. 그린벨트(개발제한구역)를 내 집 앞의 대형정원으로 여기면 그만이다. 삶의 본질은 상황에 맞게 받아들이기 나름이다. 삶의 만족도는 스스로 만들고, 찾는 것이다. 국가나 지자체에서 찾아주지 않는다.

인구밀도가 높은 지역과 인구밀도가 낮은 지역은 각기 사람보호 지역과 자연보호지역으로 대변된다. 자연보호지역은 흙이 재료다. 토질이 주요사안이기 때문이다. 그러나 인간보호지역은 시멘트가 재료다. 오염도가 높아 삶의 질이 떨어진다. 결론적으로 대한민국 국토가 규제 온상인 까닭은 자연보호지역이 지나치게 많아서다. 개발을 하되 산림 훼손 정도를 최소화하는 범위 내에서 토지를 이용하라는 그 취지를 항시 잊어선 안 될 것이다. 지나친 오해와 편견이 오판을 부를 수 있다. 규제에 대해서 '착각(오해)'하기보단 '자각(이해)'하는 습관이 필요한 때이다.

작은 부동산과 규제와의 상관관계

이 땅에 규제 없는 땅은 존재하지 않고 규제는 사라지지 않는다. 부동산 규제는 반드시 필요한 것이다. 난개발 방지와 대자연을 훼손하지 않은 상태에서 체계적인 개발을 꾀한다는 게 규제의 취지다. 규제의 의미는 작은 집 짓기와 같다. 용도지역 및 구역 등의 개발제한이 크다 해도 작은 집 짓는 행위마저 불가능한 경우는 드물기 때문이다(**예** 농어가주택 건축행위).

규제사안은 소형가구, 1~2인 가구 급증세와 연관이 있다. 규제의 의미는 자연훼손을 최소화하고 토지활용을 극대화하는 것이다. 적정비율은 5:5이다. 토지 활용을 무조건 규제로 묶어만 놓는 것이 아니다. 작은 부동산의 존속은 '규제의 존재'를 의미한다. 규제 크기가 큰 공간엔 큰 부동산 대신 작은 부동산이 들어설 수 있다. 규제 크기가 작은 공간에는 작은 부동산 대신 큰 부동산이 들어설 수 있다. 규제가 크다는 것은 건폐율과 용적률이 크지 않다는 의미이고, 규제가 작다는 것은 건폐율과 용적률이 작지 않다는 의미이다.

개발과 규제는 마치 실과 바늘처럼 함께 움직인다. 개발지 옆엔 장기 규제지역(**예** 수변구역)이 공존하거나, 개발예정 및 진행지역엔 단기 규제지역(**예** 토지거래허가구역)이 존속하기 때문이다. 작은 부동산과 큰 부동산의 차이는 활용범위(건폐율, 용적률)의 차이다. 공간 활용도를 높이기 위해서는 도로와의 접근성, 위치 등이 중요하다. 용도지역 하나가 절대적인 부동산의 주요 잣대가 될 수 없다.

계획관리지역은 생산관리지역보단 건폐율과 용적률 확보하기가 더 쉽다. 각기 40%, 100%이기 때문이다. 그러나 생산관리지역은 20%, 80% 이하로 초라하다. 활용범위의 차이다. 계획관리지역이 어느 위치에 있느냐가 관건이다. 위치상(접근도) 계획관리지역보다 생산관리지역이 좋다면, 작은 부동산인 생산관리지역이 큰 부동산인 계획관리지역을 압도할 수 있다.

소형부동산은 공간 확보율이 크지 않은 상태의 부동산일 뿐 큰 맹점이 될 수 없다. 크지만 않을 뿐 실용성, 시대성을 적극 반영한 부동산이다. 미분양의 무덤은 중대형아파트에서 속출한다. 중소형, 작은 부동산에선 나오기 쉽지 않다. 빌딩 역시 중대형빌딩 공실률이 높지만 강남3구 중소형빌딩시장의 입장은 다른 상황이다. 인기가 여전히 고공행진 중이다. '작은 거인'이 지금의 소형부동산들이다.

부동산은 인위적으로 움직이는 재화다. 인구가 뒷받침되지 않는 부동산은 죽은 부동산과 다르지 않다. 거래량이 증가하는 곳은 소형 부동산이 존재하는 곳이다. 거래량 감소지역은 대형부동산이 난립하는 곳이다. 인구의 영향력 때문이다. 부동산 크기와 주변 영향력이 반드시 정비례하지 않는다. 부동산이 소형이라고 그 영향력이 작다고 볼 수 없기 때문이다. 대형부동산이 큰 단지를 이루었다고 해서 그 주변 영향력이 거대하다고 단정 지을 수는 없다. 빈 대형부동산은 죽은 부동산의 표상이다.

작은 부동산의 존재가치가 날로 높아지고 있는 건 몇 가지 이유 때문이다.

1. 크기와 양보단 질이 우선인 시대이다.

공급과잉과 난개발이 여전히 우려되고 있어 크기보단 질이, 양보단 질적 우수성이 먼저이다.

2. 대형부동산(아파트, 빌딩 등)에서 미분양과 공실이 속출하고 있다.

오랫동안 대표적인 수익형부동산으로 자리매김 중인 빌딩 역시 소형상가빌딩이 대세다. 특히 강남3구의 소형상가용 빌딩은 씨가 말랐다.

3. 큰 부동산에서 큰 거지가 나온다.

중대형 부동산에서 미분양 및 공실 현상이 생긴다. 작은 부동산에 대한 수요는 증가하고 있다. 수도권 인구밀도 대비 비수도권 인구밀도는 매우 낮은 상황이다. 우리나라는 전체적으로 인구밀도가 높으나 지역적으로 인구밀도가 낮다(예 전남 오지지역).

4. 건강을 중요시하는 장수시대다.

전원주택 역시 대형평수보단 실용성이 높은 작은 전원주택이 인기가 높다. 전원주택은 잠재성과 무관한 종목이기 때문이다.

5. 돈 놓고 돈 버는 시대는 지났다.

부동산대박시대는 끝났다. 소형부동산이 2배 오르는 현상은 일어날 수 있지만 대형부동산이 2배 오르는 현상은 보기 드문 일이다. 대신 반토막과 공실을 우려하는 판국이다. 전체 인구와 대형 가구가 감소세이고, 소형가구가 증가하는 바람에 일어난 현상이다.

크기와 양보단 질이 우선이다. 비어 있는 큰 건물보단 꽉 채워진 소형건물이 실용적이다. 다주택자가 부럽다고 말할 수 있을까? 견제 대상이다. 활용도만 해결한다면 좋겠으나 그게 쉽지 않은 상황이다. 고급 부동산의 평가 방법은 무엇인가. 3가지 질적 가치로 알아보자.

- **인구의 질적 가치** 대형 산업단지가 있다면 질 높은 산업경제 및 생산가능인구의 활약상을 두 눈으로 직접 목격할 수 있다.
- **지상물의 질적 가치** 인구수가 기준이 된다. 주거시설이 미분양되거나, 상업 및 업무시설에 높은 공실현상이 일어난다면 실패다.
- **도로의 질적 가치** 놀고 있는 장식용 도로는 실속이 없어 가치가 하락되기 쉽다. 이동차량수를 기준으로 삼을 수 있지만, 인구수도 무시할 수 없다. 도로를 사용하는 것은 결국 사람이므로 이동 차량수와 고정인구수를 수시로 체크할 필요가 있다.

초보자가 쉽게 할 수 있는 실수

고수는 토지이용계획확인서보다 지적 및 임야도를 우선순위에 둔다. 초보자는 그 반대다. '토지 이용'은 도로 상태에 따라 움직일 수밖에 없는 수동적 수단에 불과하다.

'공간 활용=토지이용'

이 등식은 접근성과 길에 따라 달라진다. 접근성이 떨어진 뛰어난 용도는 '뛰어난 용도'가 아니다. 서류만 거창하다 해서 이용도, 이용량이 빼어난 건 아니다. 현장감과 접근도 높은 부동산이 최고의 부동산이다. 이런 면에서 지적도가 토지이용계획확인서보다 훨씬 중요하다. 초보자는 토지이용계획확인서 위주로 땅을 분석하고, 고수는 '길=접근성=현장감'이라는 등식을 따른다.

일반주거지역 맹지보단 길 상태가 양호한 생산녹지 및 생산관리 지역을 선택하는 게 낫다. 도시계획지도, 국토종합계획 등 큰 지도(전도)보단 작은 지도(지적도)가 현장에서 필요하다. 변수가 심한 큰 지도는 미래 사안이다. 그러나 변수와 거의 무관한 지적도 등 작은 지도는 현재의 모습이다. 큰 지도가 내 땅에 미치는 영향력은 작은 지도에 비해 작다.

큰 길보다 작은 길이 내 땅과 직접 관련 있다. 큰 지도에 지나치게 열정을 낭비하지 말자. 그것은 마치 토지이용계획확인서에 집착하는 것과 같다. '확인서'는 법적효력이 있는 게 아니라 참고자료에 불과하다. 위치와 환경 등에 따라 움직일 수밖에 없다.

현장감이 빼어날수록 규제가 심하다. 수도권지역이 규제의 온상인 이유다(예 수질오염총량제, 공장총량제, 공장건축 총량제). 반면 현장감이 떨어지거나 접근도가 낮은 지역은 규제와 거리가 멀다. 규제라고 해봤자 '자연보호'라는 큰 틀에 묶여 있는 것이다. 그렇지만 군사시설보호구역과 그린벨트, 상수원보호구역 등으로 중첩 규제에 몸살을 앓고 있는 지역은 접근성이 높다 해도 투자처로선 자격 미달이다. 실수요 목적에 적합한 곳(예 전원주택 건축)이라 할 수 있겠다.

규제 없는 수도권 땅을 찾거나, 토지이용계획확인서의 용도에 지나치게 집착하는 자는 투자가 힘들다. 실수요 명목으로 투자자의 행동을 하고 있으니 말이다. 중요한 것은 모든 부동산은 길을 통해 움직인다는 점이다. 실수요든 투자든 그 목적이 다르다 할지라도 '작은 길' 상태가 서류상 불리하면 가치의 기준을 찾기 어렵다. 따라서 현장답사 시엔 지적도를 반드시 0순위로 참고해야 한다. 토지이용계획확인서는 두 번째로 중요한 서류이다. 큰 도로와 바짝 붙은 땅을 거품가격에 매수하였으나, 시에서 시도(지자체 도로) 확포장 명목으로 수용하는 통에 큰 손실 입는 경우가 비일비재하니 매수자의 주의가 필요하다.

부동산 거지와 기회의 광장

아파트 대비 땅값이 쉽게 오를 수 있는 이유

아파트는 주변여건에 의해 가격이 움직이지 않지만, 땅은 주변에 민감한 반응을 보인다. 한낱 작은 뜬소문에 지나지 않은 소식에도 값이 미동한다. 주변 아파트 움직임 크기에 의해 내 땅 가격 크기가 변한다. 그러나 주변 땅값에 내 아파트가 움직이는 경우의 수는 많지 않다. 땅은 미완의 부동산이기 때문이다. 아파트는 부동산정책, 금리변동상황 등에 의해 변동된다. 현장감과 거의 무관하다.

땅은 어떤가. 현장변화속도와 땅값이동속도가 정비례한다. 지주의 전용과정으로 현장감이 급변한다. 주변에 떴다방이 접근하면 갑자기 접근성이 높아진다. 개미와 가수요 세력이 세를 확장한다. 위치와 처지가 달라진다. 작은 도로 하나가 생겨도 가격변화현상이 일어난다. 내 땅 주변에 아파트 분양가가 2000만원 오른다면 내 땅의 가격도 변한다. 아파트 가격은 정해진 상태이나, 땅값 기준선은 정해진 바 없어서 가능한 시나리오다. 지자체가 관여하는 아파트는 땅 대비 가격 상승면에서 불리하다.

아파트는 마치 복제물처럼 개성이 빵점이다. 땅은 개성 만점이다. 독창성과 잠재성이 뛰어나다. 모양, 지세, 위치, 주변환경여건 등을 통해 변수의 마술사 역할을 할 수 있다. 진화과정 중이라 잠재력이 높은 편이다. 여러 모형의 주변 잠재력을 활용할 수 있다. 주변 땅이 화려함의 극치라면 내 땅의 초라함이 가려진다.

좋은 땅을 만나기가 쉽지 않은 이유

좋은 사람을 만나기 쉽지 않다. 좋은 사람을 만나 결혼했다면 지금처럼 이혼률이 기하급수적으로 증가하지 않을 것이다. 좋은 사람 만난 사람의 공통점은 무엇인가. 성공한 사람 아닌가. 마찬가지로 좋은 땅을 만나기가 쉽지 않다. 땅 투자로 부를 톡톡히 누리고 있는 사람들의 공통점 역시 좋은 땅과의 만남인 것이다. 그들은 자연에 일장일단이 있음을 알고, 자연의 섭리를 응용할 수 있는 능력이 있다.

대한민국 국토는 맹지천국이다. 그러나 맹지라고 해서 무조건 척박한 여건은 아니다. 맹지 위치가 탁월하고 개발지역 안에 포함된 상태라면 맹지 그 이상의 상품가치와 잠재가치가 숨어 있다. 경기도 화성시 향남읍 일대 절대농지(농업진흥구역)의 가치가 높은 이유다. 개발 위치가 현명하고 투명하다. 미래가 보인다.

화성시에서 좋은 땅과 인연 맺기가 쉽지 않은 건 땅은 항상 주인이 있고(넓은 오지공간에선 예외일 수 있지만), 좋은 땅주인이 그 좋은 땅을 시장에 선뜻 내놓을 이유가 없기 때문이다. 좋은 땅의 희소가치가 높고 가격이 비싼 이유다. 화성시에서 유난히 극성이라는 게 중론이다. 희소가치가 덩달아 높아지기 마련이다. 화성시 향남읍 일대에 싼 땅이 없는 건 아니다. 그러나 맹지의 위치나 역세권 개발 위치가 좋지 않다.

가격 차별화를 통해 희소가치 운운하는 사람도 없는 건 아니다. 하지만 장기간 묻어두기식 투자를 한다면 내 눈에 목표점이 보일 리 만무하다. 주의해야 한다. 변수에 투자하는 게 아니라, 운에 투자하는 건 무리다.

좋은 물건의 특징은 잠재력과 미래가치가 있다는 것이다. 비싼 이유다. 가치를 극대화할 수 있기 때문이다. 잠재가치는 숨어 있고 존재가치는 숨을 수 없다. 존재가치 하나로 땅에 투자하는 바보도 있다. 도시지역 일반주거지역에 올인하는 바보도 없지 않다. 위치가 형편없는 상태인데 말이다. 위치가 안 좋은 일반주거지역의 미래는 폐가다.

땅의 위치가 중요한 이유는 무엇인가. 성공의 효험은 개인적으로 위치가 괜찮은 땅과의 인연에서부터 시작된다. 예를 들면 역세권은 규모보단 위치가 더 중요하다.

서울 동대문역사문화공원역의 영향력과 잠재력은 여전히 크다. 14개에 달하는 역 입구 성질과 힘이 다 같을 수는 없다. 방향이 중요한 까닭이다. 방향이 곧 접근성이기 때문이다. 길이 아니면 가지 말아야 한다. 역의 방향감각을 정독하는 게 역세권 투자자의 지상과제이다. 14개에 달하는 수많은 역 입구마다 차별화되어 있다. 역세권 범위와 거리가 인구에 의해 결정되듯 땅의 위치 역시 인구의 영향을 받는다. 위치가 괜찮다는 건 접근성이 높다는 의미다. 새로운 인구의 유입이 수월하다.

개인적으로 부동산의 과도기를 결정할 수 있는 능력이 필요하다

부동산은 시간과의 싸움이다. 매일 매번 시간과의 전쟁을 치른다. 심리전도 마다하지 않는다. 투자시기를 관망하는 자세가 그 예다. 부동산에 과도기가 발생할 수밖에 없다. 비수기와 성수기가 존재하기 때문에 부동산의 호기와 위기도 반드시 발생한다. 그러나 비수기가 반드시 위기는 아니다. 위기 다음에 호기가 올 수 있기 때문이다. 애써 포기할 필요 없는 이유다. 고진감래를 믿고 움직이면 그만인 것이다. 부동산 가격이 떨어질 때가 오고, 오를 때가 오는 것이다. 부동산 가격이 영원히 떨어지거나 오를 수 없기 때문이다.

부동산은 '시간(시기)'에 투자하는 것이다. 그러나 여름이나 겨울철을 비수기라고 생각할 필요 없다. 위기를 기회의 시발점으로 여길 수 있기 때문이다. 역시 고진감래를 믿는다. 호기와 위기 사이가 곧 과도기이다. 비수기를 응용하는 고수가 있다. 겨울철 옷을 8월에 매입하는 것이다. 삼복더위에 현장답사하는 자가 진정한 고수다. 가격 결정 권한이 본인에게 있다. 강력한 권한이다. 큰소리 수위가 높을수록 가격은 낮아져 최소비용으로 매수가 가능할 것이다. 부동산은 성숙기와 미숙기가 공존하며 자란다. 변화를 추구할 수 있다.

비수기에 들어가 성수기(성숙기)에 나오는 사람이 있다. 장기투자형식을 취하는 것이다. 최소비용으로 시작할 수 있고, 군중심리에 휘말리지 않는 스타일이다. 소신 있는 투자자라 할 수 있다.

성수기(성숙기)에 들어가 성수기에 나오는 사람도 없는 건 아니다. 단기성을 노리는 경우이다. 정신적으로 군중심리에 약한 편으로, 돈 놓고 돈 벌자 식으로 들어간다.

부동산 시장에서 비수기는 여름(폭염)과 겨울(한파)이고, 성수기는 봄과 가을이다. 봄바람에 의해 투자 욕구가 발동하여 정신적 여유가 경제적 여유를 압도하기도 한다. 특히 땅의 경우 봄에 큰 바람이 분다. 가격이 뛰는 것이다. 기회의 부동산이 가장 많이 발현할 수 있는 시기라 시가형성구도를 공격적으로 그린다. 기회의 땅이 많이 나온다.

하지만 부동산 성수기와 비수기는 인위적일 수도 있다. 사람이 몰리는 곳에 들어가는 자와 그 반대의 곳에 입성하는 자도 공존하는 게 부동산 시장이다. 부동산의 답은 존재하지 않는다. 해답을 모색하기 위해 부동산 공부를 열심히 하는 것이다.

뛰어난 타자와 뛰어난 투자자는 때를 중요히 여긴다. 필요할 때 움직이는 자가 뛰어난 자다. 뛰어난 타자는 타점이 많은 자인데, 무조건 안타를 많이 치거나 무조건 타점이 많다고 훌륭한 타자는 아니다. 필요할 때 안타를 쳐야 한다. 10:0으로 이기고 있을 때의 안타보단 1:0으로 이기고 있거나 지고 있는 상황에서 나오는 안타야말로 장기 가뭄 속 단비와 같은 보물이다. 희소가치가 높다. 마찬가지로 사람들이 몰려 있는 상태에 들어가는 것보단 선점 상태에서 들어가는 게 유리하다. 그래서 반드시 성수기가 유리한 건 아니다.

투자는 인구를 보고 하는 것이나, 단순히 가수요자와 이동인구에 따라 움직일 필요 없다. 고정 및 주거인구의 상태에 따라 움직여야 한다. 가수요자 상태와 거래량 하나만 보고 움직이는 건 위험하다. 편익공간이 제대로 만들어진 상태가 아닐 수 있다. 그러나 고정 및 주거인구 따라 움직이는 건 안전하다. 산업단지와 주거단지가 안전구조를 이룰 확률이 높아서다.

단순히 인구가 많다고 해서 좋은 건 아니다. 노인인구만 증가한다면 문제이기 때문이다. 인구의 질적 가치에 따라 움직여야 올바른 투자가 될 것이다. 젊은 동력이 증가할 때 본격적으로 투자시점을 잡는 게 좋다. 가수요세력에 일희일비하면 큰코다친다. 시기를 놓치면 부동산 수명이 단축되고 만다. 기본을 고수하면 안전성이 높아지고, 자신감이 생긴다.

필요에 의해서 부동산을 매수하는 건 집이다. 의식주 중 주가 바로 집 아닌가. 그러나 투자의 경우엔 장소와 더불어, 시간이 중요하다. 물론, 장소와 위치가 투자시기의 재료이지만 말이다. 결국 사시사철 필요한 때 매수할 수 있는 건 실수요 목적의 부동산이고, 투자시기가 정해진 건 위치(접근성)에 지배를 받는 투자 겸 실수요(거의 투자) 목적의 부동산이다.

땅값이 주기적으로 오르는 이유

본격적으로 장수시대를 맞아 땅 부자가 급증할 것으로 예상되는데 이는 최근 땅값상승세에 힘을 입은 땅주인 증가현상과 무관치 않다. 집값 불안의 가중이 땅주인을 증가하게 만드는 힘이다. 내 집마련 포기자가 갈수록 증가하면서 땅에 관심도, 집중도가 날로 높아지고 있다. 20대에서 70대까지 나이와 상관없이 소액투자에 관심도가 높다.

특히 평택의 부동산 시장의 성장속도가 빠르다. 강남 일대 견본주택에서 대대적인 홍보와 광고를 하고 전철 등 공공시설에서의 광고 정도가 도를 이미 넘었다. 집은 대출경로를 거쳐야 되지만 땅은 전 재산 중 일부만 투자하면 그만이다. 돈 좀 있는 노인들에겐 부담률이 낮다. 다만, 화가 되는 땅과 악연을 맺으면 실패할 수 있으니 반드시 올바른 전문가 손이 필요하다.

내 집 마련을 장기 연기하거나 장기 관망세에 접어든 자도 급증세다. 그래서 집 대신 땅으로 움직인다. 서울 아파트를 6억에 입성하여 7억에 단기간 내에 빠져나올 수 있다는 확신을 가진 예비 집투자자도 없는 건 아닐 것이다. 그러나 경기도 땅값상승세가 무섭다. 서울 집값 대비 안정세를 유지하고 있기 때문이다. 서울 집값이 부담되어 옆으로 위치를 옮기는 상황이다.

아파트나 건물보다는 투명성과 대중성에서 토지가 뒤쳐진다. 예측과 예감 따위에 의존하는 경향이 없지 않아 불안하다. 미래에 대한 부정적인 자가 땅 투자자가 될 수 없는 이유다. 인근 건물들에 간접적 영향을 받는다. 인근 인구의 영향을 받는다. 간접 영향(간접적 효과)에 의존하는 형식을 취한다. 현장 분위기에 취하기도 한다. 토지 투자 시 인근과 주변 분위기가 중요한 이유는 지상물 투자와의 거대한 차이점 때문이다. 안전성과 경제성의 차이다.

토지 대비 건물은 물리적 안정성에 취약하다. 수시로 보수하여 보수비가 수시로 나간다. 건물 대비 토지는 행정적 안정성에 취약하다. 부동산 공법이나 각종 법률적인 사안이 바뀌는 경우의 수에 따라 달라지기 때문이다. 그러나 입지 좋은 땅주인 입장은 유리하다. 토지사용에 관한 승낙을 원하는 인근 타 지주 덕에 돈이 생길 수 있기 때문이다. 건물과의 차이점이다.

땅의 변화 넓이는 광대하다. 변수가 다양하다. 땅은 분할작업이나 지목변경작업만 해도 2배 이상 가격 상승을 기대할 수 있다. 즉 개인적으로 개발이 가능한 땅 대비 집은 그것을 절대적으로 할 수 없다는 점이 집과 땅의 큰 차이점일 것이다.

땅값이 주기적으로 오르는 이유는 명확한 편이다. 국토의 계획 및 이용에 관한 법률이나 용도변경 등에 관한 기대감을 갖는 것보다 '선거'에 지대한 영향을 받을 수 있는 것이다.

4~5년 만에 각종 선거를 실시하면서 개발공약이 무수히 떨어진다. 지방선거를 실시하면서 구체적으로 땅값이 이동을 한다. 웃긴 점은 지방자치시대 패악과 비리 온상이 땅 투자자에겐 호기라는 사실이다. 비리가 있는 일부 단체장이 있어 매년 재보궐선거를 실시한다.

결국 자유민주주의 꽃인 선거가 땅값 동력을 불러일으키는 원동력인 셈이다. 매년 재보궐선거를 실시하기 때문에 우리나라는 매년 선거바람이 분다. 즉 매년 개발공약에 관한 기대감이 마치 특별법처럼 증폭된다. 규제 온상에 살거나 오지에 사는 지역 주민들은 매년 기대감을 가질 만하다. 선거 과정에서 공약이 남발된다. 용도변경이 가능하다. 결국 단체장 비리로 4~5년 주기로 땅값이 오르는 게 아니라 1년에 한 두 차례도 오를 수 있다는 희망을 가질 수 있는 것이다.

땅주인 입장에서 반가운 것은 재보궐선거를 한 해 수차례 실시하는 경우도 있을 수 있다는 점이다. 투표권이 있는 사람들이 예비

후보자들에게 개발공약이나 규제해제에 관한 민원을 제기하기 위해 안건 등을 내놓는다면 지역에 전혀 희망이 없는 건 아니다. 화가 오히려 기회의 공간이 될 수도 있다. '기회'는 열리는 것이 아니라 찾아야 한다. 투자자라면 이 점을 명심해야 한다.

투자는 아무나 하는 게 아니다. 15년째 땅 공부만 하는 주부가 있다. 100% 완전무결한 땅만 반복적으로 모색하기 때문이다. 땅은 부동산 종목 중 유일무이한 미완의 하드웨어이다. 소프트웨어를 찾는 과정이 곧 땅 투자인 것이다. 이러한 성질과 현실을 모르면 평생 땅 공부에만 목숨 걸 수 있다.

부동산엔 정답이 없다. 1+1=2라는 등식이 없다. 결과가 3 이상의 효력이 발생할 수 있는 게 바로 부동산 시장이다. 수치와 기대치는 같지 않다. 기대치가 다른 방향으로 달려나가는 일이 부지기수다.

해답은 존재한다. 노하우가 필요한 이유다. 부동산의 당면과제(문제)는 지식으로 해결할 수 없다. 지혜로 풀지 않으면 해답 찾기 힘들다. 부동산 문제는 과학이나 수학으로 풀 수 없다. 부동산 철학이 해답일 것이다. 수학은 통계수치에 근접하기 때문이다. 조사한 통계수치가 오차범위 없이 100% 완전할 수 없다. 마치 100% 완전한 땅이 없듯 말이다. 기대수치 0에 근접한 땅의 운명도 바뀌는 경우의 수, 변수도 있을 수 있다.

예를 들어 지역의 애물단지로 오랫동안 잔존하던 부동산이 보물단지로 전격 승화되는 것이다. 인근 대규모 공간인 공단이 들어서면서 땅 팔자가 훌륭하게 변한다. 수치가 가치를 대변 및 보증할 수 있는 건 아니다. 수치보다 가치에 비중을 더 두는 게 현명하다. 수치는 가치의 작은 자료에 불과하다.

자신의 경제사이즈를 모른 채 투자전선에 발을 들여놓는 건 무모하다. 땅 투자에 합당한 자가 빌딩 투자전선에 무모하게 발을 들여놓는 건 위험하다. 강남3구 소형빌딩의 가치와 가격은 대한민국 최고 수준이다. 현실을 외면하고 대출과 은행만 믿고 앞으로 가다간 큰코다칠 수 있다. 정신적인 면과 부동산 철학(노하우)은 연관 있다. 부동산과 관련된 여러 유형의 시설물들을 수용할 수 있는 여유 있는 자세가 필요하기 때문이다.

1. 편의시설
2. 혐오시설(기피시설)
3. 기반시설

1과 3은 기준이 확실할 수 있으나, 2의 경우는 기준이 불확실하다. 주택가 주변의 모텔촌과 장애인시설을 바라보는 시각차가 클 수 있기 때문이다. 장애인시설을 혐오시설로 인식하는 사람들이 대부분이다. 집값 추락을 우려하는 추악한 사고도 없는 건 아니다.

모텔촌을 집값상승의 동력으로 생각하는 사람도 있다. 그 반대의 시각도 없는 건 아니겠지만 말이다. 긍정의 눈빛으로 바라보는 습관이 필요하다. 모텔과 장애인시설의 존재가치도 인정할 만한 넓은 배려가 필요한 시점이다. 투자자는 긍정적인 자이다. 결코 부정적인 눈빛을 가진 자가 투자자가 될 수 없다.

투자에 성공하는 투자자는 주관이 뚜렷해 정신력이 강하고, 소탐대실하지 않는다. 믿음과 자신감이 넘친다. 의심과 관심 중 관심에 관심 있다. 집중하는 것이다. 자신감은 땅의 성격과 개성을 잘 이해하고 있는데서 나온다.

개발이슈 없는 곳과 호가호위

예비지주들의 관심사는 개발이슈 있는 곳과 없는 곳이겠지만, 개발이슈 없는 땅이라고 해서 투자가치가 없는 것은 아니다. 호가호위(남의 권세에 의지하여 호기를 기회로 여기는 경우)를 노릴 수 있기 때문이다. 내 땅 인근 지주들의 개발 능력(예 산지 및 농지전용과정이나 단독주택 등의 건축행위)에 따라 내 땅의 가격과 가치가 달라질 수 있다. 내 땅 인근 지주들이 유명인사라면 그것 하나가 오지 속 지역랜드마크가 될 수 있고, 이슈화 될 수 있다.

유명 연예인이 강원도 평창 땅을 매수하는 바람에 그곳에 강풍이 분 적 있다. 유명인사가 지역 이슈화 되고, 동계올림픽이 강풍을 동반한 것이다. 유명인사가 움직이면 바람이 쉽게 불 수 있다.

개발이슈가 없지만 인근 지주들 능력 따라 움직일 만한 곳의 장점은 적당한 가격이 형성되어 거품가격과 무관한 상태에서 매수작업을 할 수 있다는 점이다. 부담 없는 가격으로 입성하니 예비지주 입장에선 큰 혜택을 입는 것이다. 투자지역에 개발이슈가 없다고 실망하고, 포기할 필요 없다. 접근성이 낮다고 그곳을 포기할 필요 없다. 개발이슈 대신 호가호위에 기대면 그만일 테니까.

결국 투자자가 결정할 사안은 2가지로 함축된다. '개발이슈가 있는 곳에 입성하는 것, 개발이슈가 없지만 인근 지주들 입장, 처지를 알아본 후 접근성은 낮은 지역이지만 호가호위를 노릴 수 있는가'이다.

땅은 기획부동산이다

기획이 필요한 것이 땅이다. 가혹한 기획 과정을 이미 밟은 결과물, 지상물이 바로 집, 상가 등이다. 땅의 기획은 2가지 의미가 있다.

개별적인 기획, 비개별적 기획

전자가 전용과정이라면, 후자는 개발청사진의 타당성과 필요성 등의 검증절차일 것이다. 부동산의 밥은 땅이다. 부동산의 밥상(무대)은 개발여건(환경)이다. 대형 무대엔 개발청사진이 필요하다. 투자의 무대를 제공한다. 소형 무대엔 부동산공법이 필요하다. 실수요 무대이기 때문이다. 땅에 기획과정이 필요한 이유는 동산화를 할 가능성이 낮은 땅은 존재가치도 낮기 때문이다.

1. 10배 오를 (수 있는) 땅 평당 1만원짜리 땅. 오지 속 맹지 상태. 워낙 현장감이 낮다 보니 작은 동작에도 땅값 미동현상을 기대할 수 있다.

2. 2배 오를 (수 있는) 땅 평당 300만원을 호가하는 땅. 성지 속 성지 모형으로 완성도 높은 부동산 중 하나다.

1과 2의 공통점
기획과정이 필요하다.

1과 2의 차이점
1은 개별적인 개발보단 인근 변화의 영향을 많이 받는다. 맹지이기 때문이다. 전적으로 주변 변수에 의존하는 형태다.

2는 개발청사진 계획을 기획할 필요성이 있다. 기획의 여정이란 개발의 타당성을 파악하는 과정인 것이다.

땅은 기회의 공간이라 기획 대상물이다. 무한한 잠재의식을 지녔다. 주변에 도움의 손길이 필요하다. 그런 상황이 힘으로 연결된다. 각양각색의 도로 상태와 지상물 상황에 따라 변수를 자주 맞는 게 땅이다.

사람에게도 평생 세 번의 기회가 찾아오지만 땅도 그 정도의 기회가 찾아온다. 다만 지주가 발견하지 못할 뿐이다. 전성기가 있다. 중요한 건 제2의 전성기도 있다는 것이다. 시행착오와 실패 시 포기할 이유 없다. 역시 주인이 찾지 못해서 그렇지 발견 가능하다면 제2의 전성기는 반드시 맞이할 수 있다.

지상물 대비 땅은 기회가 여러 번 찾아올 수 있다. 기회는 스스로 수시로 만드는 것이다. 이를 기획이라고 말한다. 잠자는 땅을 깨울 수 있는 능력이 곧 기획력이다. 잠자는 땅이 깨어 있는 땅보다 훨씬 많을 수 있어 기획이 반드시 필요하다. 맹지가 완성도 높은 땅보다 훨씬 많아서다. 규제지역에 예속된 땅들이 얼마나 많은가.

가치의 변화를 정밀하게 정확하게 발견하는 게 모든 부동산주인들의 소망, 로망이자 과제다. 가치는 값어치다. 어떤 사물이 지니고 있는 중요성이다. 사용가치와 교환가치가 그 좋은 예다. 가치관(價値觀)에 따라 가치 정독에 차이가 생긴다. 투자자와 비투자자로 갈린다. 부부관계에서 서로 가치관이 다르면 이혼확률이 높다. 부동산 매수매도 관계 역시 서로 가치관이 다르다면 계약 성사율이 높을 수 없다. 땅을 기회의 대상물(기획물)로 여기고 기획의 대상물로 여기는 일은 쉽지 않으나, 오해보단 이해하는 쪽으로 가닥을 잡는 게 개인적으로 훨씬 유익할 수 있다. 그렇지 않으면 평생토록 투자의 발목만 잡을 게 분명하다.

기획은 악용 대상이 아닌 응용 대상이어야 한다. 즉 활용의 극대화가 최종 목표다. 사기행위가 최종 목표가 아닌 것! 기획행위와 중개행위의 차이점을 모른다면 땅에 투자할 수가 없다. 그 차이점은 소상히 알 필요가 있다.

기획은 미래를 만드는 (미래예측행위) 적극적인 행위로 무에서 유를 창조하여 판매한다. 중개행위는 현실을 판매하는 행위다. 즉 매도자와 매수자 사이에서 현실과 사실만 판매한다. 유에서 유를 판매한다. 현재 모습을 파는 행위이기 때문이다.

기획이 필요한 건 규제를 분석하는 과정이 곧 기획일 수 있어서 다. 변수를 판매하는 행위가 기획이다. 상수를 판매하는 중개행위 와 차별된다. 기획을 통해 성공과 꿈을 만들 수 있다. 반면 중개행 위는 실수요자 중심으로 움직인다.

부동산, 특히 땅의 활용도를 최대로 높이는 행위가 기획이다. 기 획을 할 때는 용도지역과 도로 사정이 탁월하든 개발의 타당성이 높든 둘 중 하나가 확실하지 않으면 안 된다. 다만, 개발의 타당성 의 검증, 검토과정 중 용도와 지목 등에 집착할 필요 없다. 개발 시 모든 상황이 변할 수 있기 때문이다. 탁월한 용도와 지목에 의해 매 수 시 거품가격에 울 수도 있다.

중요한 점은 탁월한 기획력이 살 길이라는 사실이다. 이는 기획 부동산이 여전히 존재하는 이유가 될 것이다. 강남지역은 부동산1 번지로 명성이 높은 상태지만 기획부동산의 발상지이기도 하다. 기 획부동산1번지가 강남이지만 지금은 대전, 부산, 대구 등 광역시에 도 기획부동산이 고루 퍼진 상태다. 전국적으로 고루 땅값 상승의 동력이 강하게 불어서가 아닐까 싶다.

　지방자치시대의 굉음이 크게 울렸던 지난 1995년 즈음 처음 이 땅에 기획부동산이 등장하여 수많은 맹지와 녹지공간이 그들 손에 의해 팔려나갔다. 그 바람에 맹지 등 오랫동안 동면 속에서 헤매던 수많은 생지들도 자신의 존재감을 세상 속에 알릴 기회를 맞을 수 있었다. 기획부동산의 역량이 크다.

　기획부동산은 필요악이다. 이 땅에서 영원히 사라질 수 없는 환경에 놓여 있기 때문이다. 기획부동산이 기획과정에서 수많은 패악을 저지른 건 사실이다. 필자 역시 부동산 초보자 시절에 기획부동산에서 일을 했다. 그래서 기획의 뜻을 잘 안다. 그들은 원형지를 기획 대상1호로 선정한다. 선점하면 좋으련만 그 정도의 능력엔 못 미치는 것 같다. 대지의 기획력은 약하다. 대지라는 이유 하나가 거품가격을 동반할 수 있고, 주변 분위기와 접근성에 지배받을 수 있기 때문이다. 즉 대지의 위치가 곧 대지의 가치, 대지의 미래라는 말이다.

　폐가가 즐비한 오지 속 대지의 존재가치가 높을 리 만무하다. 맹지라는 이유로 가격이 몹시 쌀 수 있지만 기획부동산에서 파는 맹지는 절대 싸지 않다. 그들은 개발청사진에 포함된 조감도가 있는 맹지 상태의 섹시한 토지를 취급하는 전문가이다. 그렇기 때문에 그들은 대지화, 동산화 여정을 거칠 땅만 취급해 소액투자자인 서민들에게 희망일 수도 있다. 땅은 기획이 생명이니까.

상상력이 없는 자가 땅 투자자가 되는 경우는 드물다. 기획력을 필요로 하는 부동산이 땅이지만, 땅 이외에 지상물들도 기획 대상일 수 있다. 투자 명분이 강한 지경이라면 기획력이 필요한 것이다. 실수요 명분이 강한 경우엔 기획 대상에서 예외다. 삶의 질을 기획 대상으로 여기는 자는 없기 때문이다. 자연의 섭리에 수긍하는 게 실수를 줄일 수 있는 성공적인 실수요 생활 아닌가.

그러나 녹지공간의 존재가치가 빛날 수 있는 기회가 찾아오기도 한다. 이때 기획력을 필요로 하는 것이다. 상업지역 인근의 자연녹지공간이 곧 개발예정지가 되는 것이다. 개발타당성이 높은 경우다. 즉 1기 분당신도시가 애초보다 개발범위가 넓어진 것처럼 인구가 폭증하면서 자연녹지지역이 준주거 이상으로 용도가 변하는 것이다. 녹지를 무조건 비판만 할 게 아니다.

땅 매수자 대부분은 소액투자자이다. 개별적으로 활용 명분을 가지고 매수하는 자는 극히 일부분이다. 토지거래허가구역 내 땅을 매수할 수 있는 능력이 있다. 묵묵히 개발을 진행한다. 부동산공법에 맞게 개인이 개발하면 그만인 것이다. 개발은 곧 기획능력을 말하는 것이다. 그러나 국책개발사업 등의 기획을 침소봉대하는 추태는 보기 안 좋다. 기획부동산이 사회의 지탄을 받는 이유다.

인생도 기획대상이 될 수 있다. 인생도 투자의 연속일 수 있기 때문이다. 성공한 사람들은 자신의 몸값을 극대화할 수 있는 기획력이 탁월하다. 최소의 노력으로 최고의 가치를 구가하는 게 아니다. 최선의 노력으로 최고의 가치를 극대화한다. 최소비용으로 최대효과를 노리는 게 경제원론이지만 피눈물 나는 뼈를 깎는 각고의 개인적 노력과 열정이 없는 경제논리는 존속할 수 없다.

악덕 기획력을 두둔하려는 마음은 추호도 없다. 그러나 '기획'의 정의에 대해서는 다시 생각해볼 필요가 있다. 우리 모두는 인생을 기획 중이니까. 시간과의 촉각을 다투는 그 자체가 기획 아닌가? 직장인이 출근시간을 지정하고 재테크 강연시간과 투자기간 등을 정하는 일련의 과정들이 모든 기획의 통로를 거칠게 거치는 것이다.

계획은 국가적이지만 기획은 개별적이다. 기획이 필요한 건 개발의 타당성을 보다 깊게 파악할 수 있기 때문이다. 지금은 난개발 시대이다. 공급과잉에 거품증상까지, 미분양과 공실의 우려감이 크니 당연히 기획력이 필요한 것이다. 보편타당한 개발이야말로 진정한 성공의 보증수표가 될 수 있다.

부동산 컨설턴트와 예비투자자 관계

부동산 컨설턴트의 브리핑을 듣고 나서 투자를 할 때 예비투자자는 컨설턴트의 영혼을 믿지 않으면 안 된다. 마치 수술환자가 수술집도의의 영혼과 실력을 함께 믿듯 말이다. 그렇지 않고 의심의 눈빛으로 바라본다면 바라는 바를 이룰 수 없다. 컨설턴트의 의지력과 예비투자자의 판단력이 만났을 때 컨설팅 결과와 효과가 나오는 것이다. 컨설턴트(기획자)는 부동산 오점을 발견하여 투자자에게 알려줄 의무가 있다. 수술환자 상대로 의사가 수술 시 발생할 수 있는 여러 가지 변수사안을 알려주듯 말이다.

하지만 판단력이 전무한 자가 투자를 할 때는 묻지 마 투자를 하게 된다. 나의 영혼을 남에게 의탁하는 수동적 자세를 취한다. 만족감 낮은 투자결과가 나올 때 남 탓으로 모든 걸 돌린다. 자신의 무지몽매함은 아랑곳하지 않고 말이다.

컨설턴트의 언어 솜씨와 브리핑 실력이 뒤쳐진다고 투자를 포기할 일은 아니다. 투자는 컨설턴트와 투자자가 함께 만든 개발조감도와 같기 때문이다. 미래를 그릴 수 있는 모토와 부동산에 대한 이데올로기가 같을 때 비로소 투자가 성립되는 것이다. 뻔한 거짓은 안 통한다. 예를 들어 나중에 되팔아 준다는 공약 말이다. 미래에 투자하는 게 땅 투자이지만 투자자와 컨설턴트 간에 작은 약속은 고수하기 쉽지 않으니 컨설턴트는 땅의 취약점 중 하나인 환금성에 대한 상세한 설명도 곁들일 필요가 있다.

자신의 물건은 자신이 직접 팔 수 있는 투자자가 진정 실력 있는 투자자가 아닐까 싶다. 땅 투자기간을 보통 5년으로 잡는다면, 그 기간 동안 땅 고수가 되어 있을 것이다. 컨설턴트의 되팔아 주겠다는 말은 안 믿는 게 낫다. 실망감이 클 수 있기 때문이다. 대신 자신을 믿어라.

투자자의 사명은 가격의 적정성을 높이는 것이다. 그러기 위해선 가치 공부가 반드시 필요하다. 도시공간이라고 해서 무조건 비싼 게 아니고, 전원공간이라고 무조건 싼 게 아니다(규제 안에 들어간 땅이라고 해서 무조건 무가치하다고 매도, 평가할 수 없는 것처럼 말이다). 즉 도시의 일부가 빈 공간 상태라면 투자자 입장에선 의심스러울 수 있다.

이때에는 이곳이 도시의 일부로 변할 수 있는지 타당성과 적정성을 검증해보아야 한다. 이러한 여정을 거친 후 의심을 하는 게 낫다. 의심부터 하는 행동과 습관은 투자의 장애요소가 될 뿐 결코 개인의 미래에 도움이 되지 않는다.

개발지역이라고 해서 무조건 거품이 들어가 있는 것은 아니다. 투자자가 가격의 적정성을 검증할 수 있는 건 개발의 타당성을 검증할 수 있는 능력이 있을 때만 가능한 일이다. 부동산 소형시대에 합법적이고 합리적인 방향의 컨설팅과 투자행위가 이루어지지 않으면 안 된다. 즉 부동산의 양적 가치인 넓이(부동산 용적률과 건폐율)보단 부동산의 질적 가치인 잠재력을 우선시해야 하는 것이다. 활용가치와 범위가 중요하지, 존재감은 별로 중요하지 않다. 컨설턴트의 바른 조언이야말로 투명한 부동산시장을 위해 꼭 필요한 덕목이다. 컨설턴트는 고민이나 걱정거리보단 감사와 이슈거리를 전해주는 자이나, 주의할 맹점도 자문해 줄 수 있는 정서적 여유가 필요하다. 예비부동산주인 입장에선 1000번을 고민하는 것보단

100번을 공부하고 10번 이상 답사하는 게 낫다. 머리만 움직일 게 아니라 가슴이 적극적으로 움직여야만 해법이 나오는 법이니까. 가슴의 문을 통해 세상의 창문을 활짝 열 때 행동의 문도 자동으로 열릴 것이다.

평택이나 화성 땅을 사면 안 되는 분들

수도권 예비거대도시 중 하나인 평택이나 화성의 특징은 다양하다. 사람들은 이곳이 전체적으로 거품이 심한 상태라고 생각하지만, 개발이 전무한 오지 지역에 거품이 들어갈 리는 만무하다. 거품의 이유는 분명하다. 개발호재가 곧바로 사회 이슈화가 되면서부터 거품 수준이 날로 높아진 것이다.

이럴 때일수록 '정보력, 자제력, 경제력'이 중요하다. 평택 및 화성에 관한 정보의 다양화에 따라 오판하는 경우도 없지 않아 자제력을 상실할 수 있다. 자제력을 잃으면 경제력도 잃을 공산이 높다. 자신의 경제사이즈를 잊는다. 잠시 경제적 치매에 빠져버린다. 3가지 힘 중 어느 하나라도 빠진다면 사고위험에 크게 노출될 수밖에 없다. 이들 힘은 마치 기계의 볼트와 너트 같아 어느 하나라도 빠지면 기계고장으로 대형사고 발생확률이 높아진다.

평택과 화성이 아무리 뜨는 지역이라도 무턱대고 현장답사만 고집할 건 아니다. 평택이나 화성 땅의 특질을 제대로 이해하지 못한다면 오해만 살 것이다. 다음과 같은 분들은 현장답사과정은 그저 사치에 소모전이 될 것이고, 화성, 평택은 접근금지구역이 될 것이라 본다.

- 가치보다 가격에 준하는 행동을 일삼는 사람
- 땅의 가치를 용도지역에 올인하는 사람
- 지분거래에 대하여 파악할 여유(이유)가 하나도 없는 사람
- 의심수위가 관심수위를 압도하는 사람
- 기획과 기회의 의미에 대하여 알아볼 생각조차 없는 사람

부동산에 관한 생각과 행동은 그들에겐 사치다. 그들은 기획이 기회의 산물이라는 사실을 외면한다. 기획과 기회를 모르는 자는 투기꾼과 투자자도 구분할 수 없는 무지한 상태이기 때문에 땅 투자자가 될 수 없다. 기획은 가치의 극대화를 위한 노력의 도구, 열정이다. 그래서 기획이 기회의 공간이 될 수 있는 것이다.

기회는 스스로 만들고 스스로 모색하는 것이다. 국가와 지자체는 무대(지자체단체장의 공약사항에 포함된 지역, 즉 개발예정지역)만 제공해줄 뿐 무대 활용은 내가 직접 해야 한다. 국가와 지자체가 개발계획을 수립하면 나는 그 개발계획을 구체화하여 타당성을 검증하는 것이다. 그것이 바로 기획이다. 투자자 입장에서 반드시 필요한 행위다.

가격, 용도지역, 도로상태, 지분형식 등보단 개발 위치와 그 타

당성에 집중력을 보이는 게 낫다. 형식보단 실용성에 집중력을 보일 때 평택과 화성의 매력을 볼 수 있다. 평택, 화성 투자자 자격조건이 부여되는 것이다. 땅의 본질을 알아야 투자가 가능한 것이다. 미래가치에 투자하는 게 땅 투자다. 투자기간과 수익률은 예상, 예측 대상이다. 성해신 바 없어 이 역시 '기획' 대상이다. 돈의 움직임을 예상하는 것이다. 평택 화성 투자처의 특징은 예측행위가 비교적 수월하다는 점이다. 물론 평택과 화성 전체가 수월한 건 아니므로 '위치 선점'에 심혈을 기울일 필요가 있다.

맹지의 가격에 거품이 끼어 있다면

맹지가 무조건 헐값에 팔려나가는 건 아니다. 맹지도 가치에 따라 가격이 정해지기 때문이다. 맹지도 맹지 나름이다. 개발계획범주 안의 맹지는 희망적인 맹지이고, 개발계획이 전무한 가운데 진입도로 확보가 수월치 않은 맹지는 잠재가치가 전무한 맹지인 것이다. 악덕 기획부동산이 판매하는 맹지는 분할과정 속에서 파생될 수도 있겠으나, 애초 의도적으로 맹지를 잡아서 판매하는 경우가 대부분이다.

맹지 인근엔 도로가 항시 존재한다. 개발계획이 잡힌 곳에선 맹지건 도로건 상관이야 없겠지만 지적도상 도로가 전무한 절대농지(농업진흥구역)를 비정상적인 가격에 판매하는 경우는 납득할 수 없다. 개발계획범위 안에 들어선 맹지는 잠재력이 높다. 그렇다고 해도 비상식적인 가격에 매매해서는 안 된다.

맹지 매수는 위험하나, 위치, 환경조건, 개발조건 등을 따져서 적정 가격에 매수하는 것은 고려해봄 직하다. 맹지를 매수하는 목적은 최소비용으로 시작하기 위함이다. 가치 높은 맹지는 잠재력이 높지만 가격이 저렴한 것이다. 결국 가격이 높은 맹지는 가치와 잠재력이 낮은 맹지인 것이다. 맹지의 '위치'가 어디인지 눈여겨보자. 괜찮은 위치에 있다면 우선 가격평가 대상의 맹지이기 때문이다.

투자자가 궁금해하는 건 부동산의 가치일 것이다. 개발 및 가격의 차별화는 개발 및 가격의 다양성과 연관 있다. 수요자의 선택범위와 폭이 넓어서다. 단, 판단력이 저하되기 쉽다. 문제는 가격이다. 개발 강도가 높다면 차별화와 희소성이 높겠으나, 가격 강도가 높다면(거품가격) 차별화와 무관한 것이다. 역세권 아파트가 장기간 미분양 상태에 빠져 있거나 역세권 도시형생활주택이 장기 공실에 허덕인다면 그것은 가격의 문제다. 즉 거품에 의한 가격차별화가 문제로 점화된 것이다. 가격의 희소성이 저하된 것이다.

부동산 거품가격은 난개발과 같다. 거래량 감소로 이어질 수밖에 없기 때문이다. 부동산의 가장 큰 매력이 개발이슈의 다양성이다. 그보다 더 큰 매력의 부동산은 개발이슈가 다양하지만 가격이 인근 시세보다 저렴한 부동산인 것이다. 가격이 높다고 가치를 보증 받는 건 아니다. 가격이 낮다고 가치가 낮은 건 아니다. 가치가 가격을 만드는 형태니까. 가격 기준의 잣대가 곧 가치이다. 거품가격은 부동산 존재가치를 떨어뜨리는 독과 같다.

금연구역이 안팎으로 늘어나는 추세다. 실내와 실외 모두 늘고 있는 판국이라 애연가가 설 자리가 점점 좁아지고 있다. 금연구역이 넓어진다는 것은 장수시대나 귀농시대와 결코 무관치 않다. 녹지공간이 넓어지고 있다는 말과 같다. 친환경적 개발이 대세인 상황이다. 과거 부동산 대박시대에 녹지공간은 부동산 몸의 맹장과 같은 존재였다. 그러나 지금 상황은 그 반대다. 녹지공간은 선택사안이 아니라 필수덕목으로 자리 잡아가고 있다. 녹지공간이 당당히 주거시설의 커뮤니티로 자리 잡고 있다. 앞으로는 부동산의 심장이 녹지공간이 될 수도 있는 것이다. 부동산이 사는 것에서 사는 곳으로 변모하면서 발현한 사고이다.

부동산의 위기와 기회의 시기

프로야구경기와 부동산경기엔 공통점이 있다. 소강세가 늘 따라다닌다는 점이다. 예를 들어 시즌, 비시즌으로 나뉘는 것이다. 기회와 위기가 항시 교차하는 경향이 강해 교만과 방심은 위험을 조장한다. 위기가 곧 기회일 수도 있는 게 야구경기와 부동산 세계다. 한 번의 기회가 역전의 성업이 되는 경우도 있기 때문이다. 부동산으로 큰 시세차익을 얻었다고 방심하고 교만하면 위기가 찾아올수 있다.

부동산은 분위기에 따라 미래 크기와 색깔이 달라진다. 국가와 사회, 정치경제 등 큰 분위기에 일희일비하는 경향이 강하다. 주변의 작은 동정과 동향 속에도, 즉 작은 분위기에도 예민한 반응을 일으킨다. 특히 땅은 계절 영향을 가장 많이 받는 재테크 종목이다. 의식주 중 주가 부동산이기 때문이다. 봄의 땅값은 거의 폭등세다. 그러나 폭염이 닥치는 하절기와 한파가 닥치는 동절기의 경기는 형편없다.

폭염에 사람들 어깨가 축 처져 분위기가 다운된다. 동절기엔 동면기를 맞는다. 꽁꽁 얼어붙은 외부를 피해 안에 갇혀 있다. 모든 게 풍요롭고 결실의 계절인 가을에는 차분한 분위기를 유지한다. 봄보단 부동산 매수욕이 상대적으로 약할 수 있지만 가격만큼은 다르다. 장기간 속등세를 유지한다. 그래도 폭등의 기세가 거센 봄보단 가을엔 투자자가 적다. 갈수록 봄과 가을이 짧아져 경기가 안좋은 편이다.

결국 부동산의 가격과 가치는 분위기에 따라 움직이는 것이다. 분위기가 다운되어 위기라고 해도 실망할 필요 없다. 기회는 항시부지불식간에 찾아오는 것이니까. 사람의 활동량과 부동산 거래량은 정비례한다. 가장 많이 움직이는 계절이 부동산 황금기다. 그렇다고 여름철과 겨울철을 무시하라는 말은 아니다. 고수는 여름에 움직인다. 겨울에도 움직일 수 있다. 월동준비가 잘 갖추어진 자가 고수이다. 외환위기 때 이삭줍기가 한창이었던 고수들을 생각해보자.

전국적으로 땅주인은 30% 정도지만 그에 반해 집주인은 평균적으로 100%를 육박한다. 물론 경기도와 서울은 그보다 낮은 수준을 유지할 것이다. 특히 서울은 형편없다. 땅주인과 집주인 비율이 차이가 많이 나는 이유는 땅 투자를 안 하는 사람보다 못하는 사람이 훨씬 많기 때문일 거다. 방법을 몰라서 접근조차 못하는 경우도 있고, 여윳돈이 없는 경우도 많을 것이다.

땅 주인, 집 주인, 상가 주인 등 부동산 주인의 종류는 많다. 그러나 보유 목적은 천차만별이다. 투자와 실수요 목적으로 집을 가지고 있는 자가 가장 많을 것이고(공간 활용 가능), 땅을 투자 목적으로 보유 중인 자가 가장 많을 것이다(공간 활용 불가능). 대다수 땅주인은 일부를 제외하곤 개별적으로 개발비용을 크게 쓸 수 없는 형편이다. 그래서 대부분 개발을 국가 차원에서 고대한다.

복이 되는
부동산

부동산의 성장과 성숙

복의 크기와 덕의 크기

복과 덕 중에 덕의 영향력이 더 클 것이다. 큰 덕(德)이 대부분을 차지하겠지만 작은 덕도 있기 때문이다. 매일 매시간 덕을 쌓는 게 순리다. 그게 바로 복을 부르는 원천이기 때문이다.

福(복)과 德(덕) = 기회

복과 덕의 공통점이 '기회'이지만 내포하는 의미는 다르다. 복은 만들어진 상태지만(외부에서 조성, 분출) 덕은 만드는 것(내부에서 생성)이기 때문이다. 복은 과거일 수 있으나, 덕은 현실이다. 전자가 자연적 성질이라면 후자는 인위적인 면이 강한 것이다. 복의 크기와 덕의 크기, 그리고 그 질적 가치에 따라 결과는 달라진다. 하나는 독의 크기와 연관 있을 수 있고, 하나는 돈의 크기로 교환될 수 있어서다.

돈의 잠재력 크기와 부동산의 잠재력 크기, 이 2가지로 삶의 질을 따지는 경우가 많다. 의식주의 크기에 집중할 필요가 있다. '의와 식'은 질적 가치 위주로 흐르는 추세이고, '주' 역시 실용성에 집중하는 시대이다. 작은 부동산에 관심도, 집중도가 높을 수밖에 없는 이유다.

땅은 존재가치인 용적률과 건폐율이 영원불멸하다. 지각 변동이 없는 한 그 상태를 유지할 만한 힘을 가지고 있다. 나이를 안 먹는다. 즉 땅은 인간과 달리, 세월이 곧 돈인 것이다. 큰 자산으로 거듭날 수 있다. 땅은 늙지 않고, 숙성될 뿐이다. 사촌이 땅 산 게 폭등세란다. 그 소식에 배가 몹시 아프다. 축하인사 대신 시기질투를 한다. 투기꾼이라고 몰아세운다.

땅은 긍정인에겐 덕(德)과 복(福)으로 다가오나, 부정적인 자에겐 독으로 남을 것이다. 복덕방의 파생어가 바로 복과 덕이다. 복부인의 복 역시 복(福)이다. 이를 긍정적으로 수용하는 자가 투자자다. 긍정의 힘이 바로 투자자를 만드는 힘이다. 부정의 힘이라는 말은 없다. 긍정적으로 접근하자. 땅은 가격도 중요하고 가치도 중요하므로, 재해석하기 나름이다.

부동산은 '특징'과 '특성'의 산물이다. 정책이 바뀌고 법률이 변하면서 특성도 변한다. 개성이 강한 게 부동산이다. 남의 부동산을 무조건 저평가하면 안 된다. 다만 조언을 해줄 수는 있다. 절대긍정이 안 좋듯 절대적인 비판도 안 좋다. 상대적 긍정이 중요하듯 상대적 평가도 중요하다. 상황성을 유지하라는 것이다.

전원생활이 참살이다

여행과 전원생활의 차이점은 무엇인가. 여행은 힐링수단이고, 전원생활은 힐링생활이다. 전원의 인식이 대대적으로 바뀔 때다. 자연을 악용해서는 안 된다. 전원생활은 악용 대상이 아니라, 응용 대상이기 때문이다. 대형공동주택인 아파트가 공급과잉에 시달리고 있을 때 작은 공동주택 중 하나인 빌라 또한 기하급수적으로 증가하고 있다. 구옥을 부셔 그 자리에 건축하다 보니 접근성에 문제점이 노출되기도 한다. 접근성 떨어진 빌라 가격이 접근성 높은 빌라보다 비싼 경우가 있다. 전원형빌라라며 맑은 공기와 그 주변 자연상태를 팔아먹는 것이다. 낮은 접근성을 커버할 만큼 위대한 힘을 지닌 게 자연이다. 경기도 양평 등지에도 전원생활을 거품생활로 비화하는 경우도 있어 주의가 요망된다. 땅값거품과 전원주택거품이 문제라는 것이다.

자연은 거품가격과 무관한 부동산이다. 접근성 낮은 토지가 접근성이 높아지는 경우가 전혀 없는 건 아니다. 인구의 집중력에 지배받는 게 접근성이기 때문이다. 즉 인구의 변화가 곧 입지 변화를 불러오는 것이다. 인구가 증가할 수 있는 힘은 무엇인가. 애초 위치가 절망적이지 않아 지금에 와서 희망이 보이는 것이다. 애초 형편 없는 위치가 아니었던 것이다.

전원공간은 넓다. 투자의 기회를 모색할 만한 이유다. 기회의 폭이 넓다는 의미다. 그 넓은 공간에서도 위치의 가치 차이가 폭넓다. 그 폭을 대폭적으로 줄이는 게 투자자가 당장 할 일이다. 앞으로 전원생활을 원하는 인구는 증가할 것이다. 이는 소형부동산을 원하는 인구가 증가하는 것과 무관하지 않다. 소형가구수가 증가하고 있는데 이들 가구는 소형부동산을 원할 게 분명하다.

소형부동산을 원하지만, 한편으로는 대형정원인 전원공간에 살고 싶을 수 있다. 전원공간은 웰빙공간이다. 오래 사는 인구가 증가할수록 장수주택 수도 늘어날 것이다. 아파트 시대가 가고 전원주택 시대가 올지도 모를 일이다. 아파트단지는 재건축 등 사업성에 예민하나, 전원주택은 사업성과 무관하다. 자연의 가치에 지배를 받는 단독주택이 바로 전원주택이기 때문이다. 아파트의 미래는 재건축 대상물이지만 전원주택의 미래는 온전한 단독주택이다. 하나는 수익성에 지배를 받지만, 하나는 편익성을 만끽할 수 있는 것이다.

자연의 가치 면에선 아파트보단 전원주택이 앞선다. 장수주택이라고 할 만하다. 용도지역가치와 위치 면에선 아파트가 전원주택을 압도할 수 있으나, 실용성과 생명력에선 전원주택에 미치지 못할 것이다. 서울을 떠나는 인구 중엔 아파트 생활보단 전원생활을 원하는 경우가 더 많을 수 있다. 돈보단 삶의 질적 가치와 건강에 집중하는 모양새다. 사람들의 건강을 오랫동안 지킬 수 있는 지역이 바로 건강한 지역으로서 최고의 가치를 지닌 곳 아닌가.

부동산의 성장과 성숙

부동산에 투자하는 이유는 여유로운 삶을 통해 행복감을 크게 느끼기 위해서다. 삶의 만족감을 부동산을 통해 느끼는 것이다. 부동산 투자를 하기 전에 '만족'에 대한 충분한 공부가 필요한 이유다. 먹어도 먹어도 스스로 포만감(만족감)을 느낄 수 없는 불행을 사전에 막기 위해서다.

성장하는 토지가 있다. 투자 용도로 애용할 수 있는 여건의 토지로 농지나 임야 등이 여기에 속한다. 성숙된 토지도 있다. 실제 응용이 가능한 대지가 그 좋은 예이다. 토지와 마찬가지로 도시 역시 성장하는 도시와 성숙된 도시로 구별할 수 있다. 성장도시는 젊은 인구가 증가하는 도시이지만, 성숙한 도시는 도농복합형태를 꾸준히 유지할 수 있는 상태의, 즉 전원 및 도시생활을 함께 느낄 만한 곳이다. 접근성 높은 경기 일부 지역이 이에 해당된다. 높은 인구의 질이 해당 도시의 특징일 수 있다. 인구의 다양성도 기대할 수 있는 상황이다. 살기 편한 건강한 도시라 많은 사람들로부터 회자되고 있는 실정이기 때문이다.

편식이 몸에 안 좋듯 한 지역에 노인인구가 집중된다면 지역 건강에 이상이 생길 수 있다. 성장도시의 미래가 곧 성숙의 도시다. 정신 건강은 물론, 육체 건강까지 책임질 수 있는 곳이 최고의 투자 가치를 인정받을 수 있는 것이다. 가수요자 중심으로 도시가 발전한다면 지금 당장이야 긍정적 평가를 받을지 모르나, 생명력, 잠재력 면에서 낮은 평가를 받을 수밖에 없는 미성숙도시의 이미지가 강할 것이다. 이런 이미지가 장기간 남을 수 있다.

성장도시는 경기도 일부 지역에 해당할 수 있는데, 이곳은 인구 증가 능력이 빼어나다. 성숙된 도시는 강원 및 충청권 일부 지역으로 비교적 수도권과의 교통이 원활한 편이다. 인구보지능력이 뛰어날 수 있으므로 작은 잠재력을 기대할 수 있다. 성장도시이자 성숙도시인 경우도 없는 건 아니다. 실수요공간과 투자공간이 다양하게 분포되어 있어 기회의 공간이 넘쳐나 잠재력에 대한 기대감이 넘친다. 사람이 몰릴 만한 여건이 조성된 상황이다. 경기도 화성과 평택, 그리고 경강선의 광주, 이천 등이 이에 해당된다.

그러나 영원한 성숙도시는 존재하기 힘들다. 인구가 빠져나가면 위험한 유령도시로 변할 소지가 있기 때문이다. 재개발, 재충전의 시간적 여유가 필요하다. 상황변수(특성) 없는 영원불멸의 부동산은 이 땅에 존속할 수 없다. 돈 역시 마찬가지 입장이다. 돈(개발비용)으로 부동산(개발공간, 개발면적)이 작동한다. 부동산과 돈의 공통점이 무엇인가. 영원한 주인이 존재할 수 없다는 것 아닌가. 주인이 수시로 바뀔 수 있기 때문에 개인적으로 희망을 포기할 필요 없다. 부자가 빈자로 전락할 수 있고 빈자가 부자로 신분이 상승할 수도 있는 법이니까.

금수저와 흙수저가 공존하나, 덕에 집중할 필요가 있다. 덕은 큰 복을 부르는 복의 강한 재료, 무기이기 때문이다. 덕은 후천적이지만, 복은 선천적이다. 팔자 타령할 시간에 덕(노력)을 쌓는데 집중해야 한다. 대운도 노력하는 자에게 찾아오는 큰 기회일 테니까.

보호자가 필요한 부동산

아이에게 보호자가 필요하듯 땅 역시 아이와 같은 성질을 가지고 있어 보호자가 필요하다. 땅은 미완의 부동산이기 때문이다. 보호대상물이고, 규제의 대상물이기 때문이다. 용도가 다르기 때문에 각자의 위치와 존재가치가 다르다. 그래서 건폐율과 용적률이 다르다. 한 지역에 큰 부동산과 작은 부동산이 입성하는 이유다. 어느 지역을 보더라도 큰 부동산보단 작은 부동산이 훨씬 많다. 상업지역 대비 녹지공간이 훨씬 넓고 비맹지(완성도 높은 땅)보다 맹지수가 훨씬 많기 때문이다. 개발은 역시 자연을 개발하는 과정이다. 개발의 한계점은 늘 드러나기 마련이다. 작은 부동산이 많을 수밖에 없다.

접근성 높은 큰 부동산과 접근성 높은 작은 부동산의 차이는 무엇인가. 가격의 차이일까, 아니면 가치 차이일까. 가치의 차이일 것이다. 소형가구 급증과 더불어 투자자가 늘고 있다. 역세권 소형부동산엔 부자들도 입성하여 투자한다. 실수요 및 투자가치가 높아진다. 부동산주인이 급증하여 실수요 및 투자가치가 극대화된다. 기회의 땅들이 많아진다. 작은 부동산이 큰 부동산으로 변하기도 한다. 용도변경의 기회가 찾아오는 것이다.

땅주인과 집주인의 차이는 작지 않다. 땅주인은 보호자 입장이나, 집주인은 보유자 입장이다. 국가에 바치는 땅 보유세 수준은 낮지만, 집 보유세는 만만치 않다. 그 세금이 아까워 내 집 마련 자격조건에 부합해도 애써 전세에 살고 있는 사람도 있는 게 현실이다. 집주인 성격과 땅주인 성격이 다르듯 땅의 성질과 집의 성질 또한 차이가 크다.

땅의 경우, 토지이용계획확인서의 모습과 현장 모습은 확연히 다르다. 마치 개별공시지가 수준과 시가 수준이 전혀 다른 것처럼 말이다. 집의 경우엔 토지이용계획확인서 모습과 현장 모습이 일치한다. 마치 개별공시지가 수준과 시가 수준이 같은 수준인 것처럼 말이다.

집의 성질과 땅의 성질의 큰 차이 때문에 땅은 보호자가 필요하다. 개발자가 필요한 것이다. 토지이용계획확인서와 현장 모습의 격차를 줄이려는 노력이 개발과정인 것이다. 보호자 능력이 땅의 미래상이다. 아이 미래와 잠재력은 보호자인 부모님 사고에 달려 있다. 땅 역시 마찬가지 입장이다. 차이점을 굳이 밝힌다면 아이의 주인은 부모이나, 땅의 주인은 국가라는 사실이다. 보유세 체납 시 곧바로 국가 소유(귀속과정)로 변하니 말이다.

부동산과 자연환경의 관계

부동산의 위치(자연환경)가 절대적으로 중요하나, 안 좋은 입지(자연환경)가 좋아지는 경우도 전혀 없는 건 아니다. 예를 들어 대한민국 위치는 좋지 않으나, 과거 대비 일취월장한 건 사실이다. 인공적인, 인위적인 요소도 무시할 수 없는 이유다. 한강의 기적이 대단하다. 대한민국 수도 서울의 힘이 바로 대한민국의 팔자를 바꾼 것이다.

강원도 위치는 예외일 수 있다. 그렇다고 포기할 필요는 없다. 동계올림픽의 기적을 바랄 수 있는 기회다. 도내 인구 1, 2위를 차지하고 있는 원주와 춘천의 위력에 의해, 강원의 입지가 달라질 수 있기 때문이다. 인구 3위 강릉도 위상이 높아질 게 분명하다. 평창과 정선과 더불어, 올림픽 특수효과를 단단히 노릴 만한 위치에 놓여 있다.

강원도 위치 대비 경기도 위치는 어떤가. 하나는 흙수저이고 다른 하나는 금수저이나, 미래를 장담만 할 건 아니다. 경기도 위력이 대단하지만 강원도 위력도 올림픽 이후 달질 수 있다. 세계인들에게 어필할 수 있는 방법 마련이 시급한 이유다. 국내 관광객뿐만 아니라 국외 관광객을 꾸준히 유치시킬 만한 이유와 매력이 있다면 경기도 버금가는 위력을 발휘할 수 있을 것이다. 부동산의 위치는 인구에 의해 좌우되니까.

인구가 다양한 경기도 대비 강원도는 인구가 다양할 수 없는 입지다. 접근성의 한계에 부딪친다. 승부는 유동인구에 있다. 관광인구에 목숨을 걸어야 할 것이다. 국내 관광객과 국외 관광객 수를 조화롭게 유치하고 유지할 만한 위치에 놓였다면 부동산의 처지가 달라질 수 있다.

경기도가 사람들에게 '다양성과 잠재성'을 판다면, 강원도는 사람들에게 '자연의 소중한 가치'를 판매해야 할 것이다. 거기에 집중할 필요가 있다. 엉뚱한 데서 소모전을 하면 안 된다. 지금 처한 자연환경을 탓하기 이전에 자신의 의지력과 능력을 탓하는 게 낫다.

악조건보다 더 무섭고 두려운 건 포기라는 벌레다. 나쁜 자연환경을 교화시킬 만한 힘은 바로 희망이다. 강원도의 처지와 수도권 처지는 다르다. 그러나 처한 자연환경(입지)을 발전시킬 수 있는 재료는 외려 강원도가 더 다양할 수도 있다. 인적, 물적자원이 조화롭게 발전될 때 비로소 지역경제가치가 높아질 것이다. 자연의 특징을 널리 알리는 계기가 바로 평창동계올림픽이다. 강원도가 도약할 수 있는 큰 기회다.

산전수전의 과정을 긍정의 눈빛으로 수용하자

산전수전(山戰水戰)이라는 사자성어는 부동산 상용어일 수도 있을 법하다. 우리나라 국토는 규제 온상이다. 산지가 무려 64%를 차지하고 있다. 수많은 악산과 야산, 고원을 깎아 난개발을 해도 여전히 그 수가 엄청나다. 그에 비한다면 농지(전답, 과수원, 목장용지)는 약세다. 20% 안팎을 차지하기 때문이다. '산전수전 겪다'라는 말을 여기서는 '산과 물 관련 규제가 다양하다'는 뜻으로 재해석해볼 수 있겠다. 보전산지(공익용과 임업용)나 상수원보호구역 등이 그 예다.

땅 살 때는 고생과 고통이 동반된다. 산전수전 겪지 않고 땅을 살 수는 없다. 산전수전 겪지 않은 땅 투자는 땅 투기로 오해 받을 수 있다. 개발이든 투자든 이 과정을 반드시 밟게 되어 있다. 규제는 의심병과 의심증을 낳기도 한다. 의심증에 걸린 투자자는 투자가 버거울 수밖에 없다. 편한 투자가 차후에 수익으로 연결되는 게 일반적인 현상이다. 노력 없는 투자가 있을 리 없다.

규제의 온상 대한민국 땅에선 투자가 결코 쉽지 않다. 토지이용계획확인서가 깨끗한 부동산은 지상물이 대부분이다. 물론, 지저분한 지상물도 없는 건 아니다. 다만, 그린벨트 정도로 큰 규제는 아니다. 환경보전과 작은 개발의 동반을 의미할 수 있기 때문이다.

그러나 땅의 경우는 다르다. 산과 물, 녹지와 관련된 규제 때문에 많은 흠이 발견된다. 산전수전 겪지 않은 투자자는 진정 투자자 모습은 아닐 거다. 그건 묻지 마 투자의 전형이다. 중요한 것은 산전수전의 여정이 규제 수위를 감지하는 과정이라는 점이다.

하수인 예비 땅 투자자가 하는 질문은 한결같다.

"평당 가격이 어떻게 되고, 용도지역과 지목이 뭐지요?"

"평당 300만원입니다. 용도지역은 생산녹지지역에 지목은 절대 농지입니다."

대답을 듣고 나서 소스라치게 놀란다.

"이건 사기잖아!"

화를 내기에 앞서 정황을 알아보는 게 순서다.

'절대농지가 왜 300만원을 호가하는가?'

여기에 대한 의문을 제기해야 한다. 농지가 비정상적인 가격이 형성되었다면, 개발이라는 이유가 있을 것이다. 개발 위치, 개발사 안과 그 타당성을 체크할 만한 여유가 필요한 게 투자자의 덕목이 다. 가격조사과정이 필요한 것이다. 결론적으로 투자자가 질문해야 할 건 지목 및 용도와 가격, 그리고 지목 외적인 부분까지 다양하 다. 오해의 소지를 해소하기 위해서다.

집의 성질과 땅의 성질, 그리고 부동산의 연계성

집은 물리적 안전성에 집중하고, 땅은 환금성에 집중한다. 땅은 잠재성을 품고 있다. 용도변경에 대한 기대감이 있다. 존재가치를 대변하는 부동산은 주택이고, 잠재 및 희소가치를 대변하는 부동산 은 땅이다.

잠재력의 크기가 커진다면 투자가치에 관한 기대감이 높아 인구가 다양한 모습으로 증가할 것이다. 접근성이 높아지고 현장감이 높아지는 증거다. 잠재성과 접근성은 정비례한다. 접근금지구역은 피한다(**예** 입산금지구역). 자연의 위치가 곧 접근성이다.

건폐율과 용적률이 없는 땅은 없다. 용도지역이 저평가 되어도 존재가치가 0인 경우는 있을 수 없다. 상황전환이 가능한 이유다. 변수가 작용하여 위기가 기회, 호기가 되기도 한다. 분석하기 나름 이다. 하드웨어(건폐율, 용적률) 자체에 소프트웨어(변수)가 붙는다. 사람의 힘이 작용한다. 부동산 주인이 변수를 만든다. 그리고 이해 관계자들이나 위정자들이 힘을 보탠다.

예를 들면 15층 건물의 1층과 15층의 가치 역시 해석하기 나름 이다. 용도지역 없는 부동산이 존재할 수 없기 때문이다.

15층 건물의 1층

커피숍의 존재가치가 높다. 유명 브랜드의 커피숍 이용객들이 많다. 이용이 용이하여 건물가치를 한층 높인다. 이동인구가 이용 인구가 된다. 비계획적이나, 감각적이다. 희망적이다.

15층 건물의 15층

15층은 해석 및 재해석하기 나름이다. 조망권 확보가 가능하여 1 층의 매력과 또 다른 매력을 지닐 수 있다. 그 공간에 들어온 사람들 모두에게 인근 산과 강을 바라볼 수 있는 특권이 주어진다. 해당 공간은 단골고객과 고정인구뿐 아니라 이동인구의 영향도 받을 만하다. 15층이 바로 힐링공간의 첨단 역할을 하기에 부족함이 없을 것이다.

이처럼 부동산은 그 위치에 상응하는 분석이 필요하다. 부동산을 무시할 수 없는 이유다. 녹지지역의 특징과 상업지역 특징을 파악할 필요가 있다. 부동산 가치의 해석은 다양하다. 그 다양성이 곧 잠재성으로 연계된다. 부동산에 관한 철두철미한 분석은 주인들의 몫이다. 남에게 의지하기보단 자신의 실력과 능력을 믿는 게 낫다고 본다. 부동산전문가들의 조언과 자문을 참고로 자신의 의지력에 의해 움직인다.

부동산의 매력포인트는 강한 연계성이다. A가 있기 때문에 B가 존재할 수 있는 법이다. 예를 들어 주거시설이 있기 때문에 상업시설이 존재하는 것이다. 물론, 주거공간이 있다면 반드시 녹지공간도 확보하는 게 순리다. 또한 주거인구가 급증해 도로가 존재하는 것이다. 주거시설이 있기 때문에 상업 및 업무시설이 입성할 수 있는 것이고, 상업 및 업무시설이 있어 또 다른 주거시설과 각종 시설물 입성을 기대할 수 있는 것이다. 부동산의 특징 중 하나인 연계성과 인접성이 동시에 작동하는 순간이다.

부동산 부자와 고수는 부동산의 연계성을 제대로 인지하고 있다. 돈(개발비용)을 아끼는 대신 시간(개발기간)을 아끼는 방도가 우선이다. 개발할 때 필요한 사고다. 고수가 최종적으로 선택하는 건 개발규모보단 개발 위치다. 급소를 잘 파악한 결과다. 무거운 짐을 쉽게 이동하기 위해서는 손잡이가 필요하다. 이 손잡이 역할이 바로 부동산의 급소다. 부동산의 연계성은 곧 부동산에 관한 기대감이다. 연계성과 접근성(위치)의 힘은 크다. 증폭된 기대감은 투자의 이유가 된다.

가치보다 가격에 예민하다면 아예 땅에 접근조차 하지 마라

국립공원은 자연보존지구, 자연환경지구, 농어촌지구, 집단시설지구 등으로 구분한다. 자연보존지구는 역사 및 학술상의 가치가 있고 보호할 필요가 있는 지역을 말한다. 자연환경지구는 자연보존지구, 농어촌지구, 집단시설지구를 제외한 일반 국민의 관광 및 휴양지로 가치가 높은 지역이다. 국립공원은 자연을 보호, 보존하는 목적으로 지정한 공원으로 땅과 집 가치를 달리 해석하게 한다.

국립공원 인근의 집 가치는 삶의 질을 높일 수 있지만, 땅은 다르다. 규제의 온상이기 때문이다. 미완성으로 계속 머물 수밖에 없다. 즉 집주인 입장에선 집과 국립공원은 서로 조화를 이룰 수 있으나, 지주 입장이라면 땅과 국립공원은 마치 물과 기름 같아 서로 안 어울린다. 토지이용 및 활용도가 미진할 수밖에 없기 때문이다. 국립공원의 땅과 다를 바 없다. 국립공원을 훼손하면서까지 국가가 개발에 손댈 이유가 없다.

국립공원 인근의 땅을 살 때는 실수요 목적으로 매수를 해야 한다. 자연보호라는 명목은 같으나, 국립공원은 도립공원이나 군립공원의 의미와는 그 색부터가 다른 것이다. 규제 강도 면에서 강제성이 크다. 결론적으로 국립공원 인근 땅이 저렴하게 나왔다고 해서 넙죽 매수하는 일은 없어야겠다. 아름다운 자연경관과 맑고 깨끗한 외모에 일시적으로 속아 넘어가는 일은 없어야 한다. 순간의 오판이 평생 후회의 나날로 이어질 수 있다.

국립공원 인근의 부동산은 보호와 보존이 목적이다. 완성물인 지상물은 그나마 유리하나, 땅은 그 반대 입장이다. 국립공원으로 지정되어 있는 한 변화와 변혁의 힘은 없다. 잠재력에 관한 기대감이 없어 무기력하다. 잠재력이 거의 0의 수준이다. 집 인근에 국립공원이 있다고 해서 큰 탈이 있는 건 아니다. 집은 잠재력과 무관하게 현재 삶을 유지하는 수단에 불과하기 때문이다. 이미 토지이용에 관한 활용공간(건폐 및 용적률) 결과가 반영된 것이다. 법률적으로나 행정상 안전하다.

전원주택 가격평가 기준은 대자연과 그 풍광이 될 것이다. 대자연은 모두 돈으로 환산할 수는 없으나, 가치를 극대화할 수 있다. 예를 들면 100% 도시지역으로만 분포되어 있는 서울특별시에도 대자연이 공존한다. 조망권을 프리미엄으로 승화시키는 능력이 필요하다.

가치 공부가 끝난 후 가격을 논하는 게 순서다. 땅을 가격 대신 가치의 대명사로 여길 수밖에 없는 이유는 부동산 종목 중 수명이 가장 길기 때문이다. 장수 시대에 맞는 부동산이 곧 땅인 것이다. 땅은 대자연의 일부이기 때문에 가능한 일이다. 건폐율과 용적률의 가치다. 가치의 크기가 여러 가지다. 아파트 등 지상물은 땅보다 수명이 짧아 일정기간이 지나면 그 자리에서 존재범위가 소멸되고 만다. 중요한 건 그 자리에 땅이 존속할 수 있는 여건의 조성인 것이다. 역시 일종의 대지 지분형식인 셈이다.

땅의 기대감이 높은 건 땅의 수명 때문이다. 긴 수명의 연장으로 말미암아 기회가 여러 차례 찾아온다. 땅은 역시 영원불멸한 부동산인 것이다. 가치가 곧 잠재력으로 승화되는 경우의 수가 다반사다. 아파트의 경우, 수명이 이미 정해져 있어(완성물이므로) 수명이 정해지지 않은 땅 대비 미래가치가 낮아 현재가치에 집중할 수밖에 없다. 집값이 2% 오를 때 땅은 2배 이상 오른다. 현재가치와 미래가치의 온도차가 심하다.

땅의 잠재력과 그 가치는 2가지로 표출된다. 개발예정 및 진행지역과, 내 땅 주변의 용도 및 지목상태로 땅 미래를 검토한다. 용도지역이 다양하고 지목 또한 다양하게 분포되어 있다면 땅에 잠재력을 기대할 만하다. 현장감이 높을 테니까 말이다. 단, 접근성과 현장감은 별개 사안일 수 있어, 접근성은 별도로 분석할 필요가 있다. 역시 현장감과 접근도가 반드시 정비례한다고 볼 수 없기 때문이다.

개발청사진에 의해 움직일 것인지, 용도와 지목상황에 의해 움직일 것인지 선택해야 한다. 하나는 미래에 투자하는 방식이지만, 다른 하나는 현재 가치에 투자하는 것이다. 따라서 안전구도는 개발청사진에 투자하되 용도 및 지목이 다양한 지역을 선점하는 것이다. 즉 개발 위치에 집중해야 한다. 단, 개발명목에 거품 가격은 주의해야 한다.

거품에서 쉽게 벗어나기 위해선 용도 및 지목의 분포상태만 보고 움직여도 상관없다. 개발청사진은 거품을 형성할 수 있지만 용도나 지목상태는 시세를 형성한다. 개발청사진에 의해 가격이 상승하는 지역은 가격이 들쭉날쭉하다. 큰 폭으로 오르다가 장기 소강세에 빠질 수도 있다. 그러나 시세가 형성되면(예 용도와 지목의 다양화) 비록 상승폭은 작지만 꾸준한 상승세를 유지할 수 있다. 최소비용으로 움직일 수 있는 터전이 마련된 것이다.

미래는 손에 잡히지 않으나, 현재는 그 반대다. 거품가격을 만드는 미래가치와 시세를 만드는 현재 상황이 투자자를 갈팡질팡 도통 종잡을 수 없게 만들 수 있다. 난개발이 우려되는 지역을 투자처로 오인하는 경우, 투자자금이 장기간 묶이게 된다. 환금성이 낮아지기 때문이다. 미분양 및 공실이 우려되는 곳은 단기간 해결될 기미가 안 보여, 환금성이 계속 낮아질 수밖에 없다. 과거, 개발이 필요한 지역이 많았을 때, 즉 인구 증가폭이 높았던 때는 한 지역에 (개발을 갈망하던 지역) 두세 가지 개발이슈가 존속한 경우, 주민들이 대환영했지만 지금은 다르다. 한 지역에 집중적인 개발이 이루어지거나 여러 형태의 개발이 쏟아지는 경우, 거품가격에 의해 장기간 적은 거래량에 시달릴 수 있다. 과거 투자 방법에서 과감히 벗어날 때다.

땅의 잠재력과 가격의 다양성에 눈을 뜰 때다

집의 가격보다 땅의 가격의 종류가 훨씬 많다. 땅이 집보다 잠재력의 크기가 훨씬 크다는 의미다. 집의 평수는 단순하지만 땅의 평수는 다양하다. 분할이 가능하기 때문이다. 그래서 가격을 1000원 이하~1000만원 단위까지 다양한 각도로 그릴 수 있다. 지주 임의로 정할 수 있다. 집 가격은 종류가 한정되어 많을 수 없다. 완성물의 한계다. 건설사에서 지을 때 기준을 만들기 때문이다. 국가와 시민단체에서 관여한다. 감시의 눈이 많다. 땅은 가격이 다양하다 보니 투자처를 다양한 각도로 그릴 수 있다.

가격의 다양성은 개발의 다양화(땅의 경우)를 만들어낸다. 반면 가격 리스크와 개발 리스크가 항시 상존한다. 리스크 없는 땅은 없다. 변수 없는 땅이 없는 이유다.

땅 투자의 3요소는 '안전성, 환금성, 수익성'으로 요약할 수 있지만, 개발이슈의 다양성을 우선적으로 파악할 필요가 있다. 좀 더 확실한 안전성에 관한 증거를 확보하기 위한 노력이다. 더욱더 안전한 투자를 위해선 개발이슈의 필요성과 당위성을 정확하게 진단할 필요가 있다. 인구와 접근성으로 개발의 당위성을 관측하지 않으면 안 될 것이다. 인구 없는 지상물은 무용지물이다.

한 지역의 미래 동력이 유동인구와 고정인구, 경제활동인구와 생산가능인구, 그리고 주거인구에 의해 움직인다면 안전구도를 달릴 만하다. 땅 투자 성공률이 높아질 수 있다. 즉 관광시설 하나만 보고 투자를 하는 게 아니라, 산업시설물과 주거시설물의 성격을 보고 투자를 한다면 안정적일 수 있다.

개발의 다양성은 중첩개발사안이다. 개발의 필요성은 안전성을 드높이는 종합대책 그 이상으로 모든 사안을 대변할 수 있다. 필요한 개발은 수요를 보장할 수 있을 뿐더러 공실 예방에도 탁월한 효과가 있기 때문이다. 제아무리 개발이슈가 다양해도 그 개발이 불요불급한 개발사안이라면 미래는 뻔하다. 공실률 높은 부동산만 잔존할 것이다. 개발의 타당성은 개발 위치와 직접적으로 관련 있기 때문에 입지 분석과정을 밟는 건 필수코스다. 결론적으로 땅 투자의 안전성 확보는 중첩개발과 더불어 개발의 위치와 입지분석에 있다고 하겠다.

PART
04

덕이 되는
부동산

멀티부동산이 답이다

만남의 중요성과 잠재성

만남은 성공과 직접적으로 연관 있다. 부모 잘 만나 성공한 사람이 있고, 배우자 잘 만나 성공한 사람이 있다는 것 역시 부인할 수 없는 사실. 나라(국가) 잘 만나 성공의 기회를 만나는 사람도 있지만, 부동산 잘 만나 성공한 부동산부자도 적지 않다. 컨설턴트 잘 만나 성공한 경우도 태반일 것이다.

좋은 땅과 인연을 맺는 바람에 신분이 바뀐 경우도 적잖다. 땅은 인간을 상대로 거짓말을 하지 못한다는 말이 있는데, 이는 땅의 성질에 대한 강한 신의 때문에 나온 말일 것이다. 땅의 성질 중 하나가 어지간해선 하락 구도를 그리는 경우의 수가 없다는 점이다.

인내력, 지구력, 생명력 등과 관련된 게 땅이다. 이는 모든 부동산의 재료가 땅이기 때문이다.

부동산의 세계는 동물의 세계와 별반 다르지 않다. 약육강식의 적자생존 구도를 그린다. 포식자는 먹잇감인 피식자를 장기간, 혹은 며칠을 기다릴 수 있는 힘(인내력과 지구력)을 가지고 있다. 피식자는 인내력, 내구력, 지구력이 모두 낮다.

기회는 기다리는 자의 몫이다. 자리와 잠재력 관계를 관철할 때다. 자리(위치)가 중요하다. 자리는 '일자리(노동력과 생산력), 놀자리(관광지 활용능력), 잠자리(고정인구를 산출할 수 있는 힘)'로 대별되는데 이는 잠재력의 표상이다. 일자리, 놀자리, 잠자리는 대도시와 도시지역을 이루는 구성요소다. 일자리는 상업 및 공업지역을, 놀자리는 관광지와 녹지를 대변하고, 잠자리는 주거지역을 표방하기 때문이다.

좋은 부동산과의 인연, 그리고 좋은 사람과의 인연 중 후자가 우선이 되어야 한다. 사람이 부동산을 죽이고 살리니 말이다. 사람들이 부동산을 만드는 구조다.

선택 및 결정을 하는 기준

말이 많으면 실언할 확률이 높다. 같은 입장에서 부동산이 많으면 실패 확률이 높을 수 있다. 다주택자가 보유한 물건이 다 명품이라는 보증은 없다. 변별력과 판단력이 낮아지기 때문이다. 중요한 것은 '선택과 집중력'이다. 집중력이 판단력과 결단력보다 우선이다. 여러 곳에 집중하는 힘보단 한두 곳에 집중하는 힘이 훨씬 강하고 안전하다. 집중력과 결정력은 서로 정비례하기 때문이다.

강원도에 투자하라는 자문은 진보적이지 못한 조언이다. 강원도의 시군이 한두 곳이 아니다. 판단력과 결단력이 약화되어 망설이게 된다. 세력이 관망세다. 차라리 라이벌의식이 강한 평창과 정선 두 곳을 선정하여 집중력을 발휘하는 편이 훨씬 유리하다. 여러 곳에 마구 투자를 하면 배가 산으로 가게 된다. 투자자가 실수요자가 가는 길을 가게 된다. 기대감을 갖고 목표점을 향해 달려가나, 도착지점이 보이지 않는다.

집중력 그 이상으로 중요한 건 또 있다. 내 땅 인근의 부동산주인, 땅주인이다. 내 땅 인근에 대기업 계열사가 입성하거나 대기업이 이전한다면 지역 경사이자 개인적으로도 경사로 겹경사일 게 분명하다. 유명인사들이 마구 땅을 사들인다고 내 땅 신분이 쉽게 변할 수는 없겠지만 땅값은 움직인다. 사업 수완이 뛰어난 대기업을 믿고, 유명인사들의 파워를 믿는 대목이다.

정보가 곧 힘이라는 건 진리에 가까운 부동산 격언이다. 이를 무시하면 안 된다. 대기업은 정보로 움직이는 경제동물이다. 유명인사 역시 막강한 경제력을 동원하여 부동산정보 모색에 심혈을 기울일 것이다. 정보가 정확하다. 경제력이 동원된 정보라 서민과 다른 정보다.

단, 그들이 단순히 투자목적으로 움직인다면 큰 문제가 될 수도 있다. 내 땅에 관한 기대감이 감소될 가능성도 있기 때문이다. 영향력이 미진할 건 뻔한 이치다. 실수요 관념으로 움직이는 게 나에게 유익한 것이다. 인근의 용도변환 등을 통한 변화의 물결이 나에게 유리할 테니까. 결론적으로 대기업이나 정치인, 그리고 부동산 개발업자 등의 동선 파악에 귀 기울이지 않으면 안 될 것이다. 단순히 따라가기식 투자를 하기보단 그들의(파워를 가진 자들) 입성 이유가 무엇인지 바로 인지한다면 큰 성공을 거둘 수 있으리라고 본다.

내 땅 인근의 다양한 용도지역과 지목이 내 땅의 희망과 미래로 작동(작용)할 수 있는 것처럼 내 땅 인근의 힘 있는 지주들 영향력을 굳게 믿는 게 현명할 수도 있다. 정보력과 경제력과 정치력 역할을 고루 갖춘 지주들의 얼굴과 이미지가 내 땅의 미래다.

투자처의 기준과 실수요처 기준

'투자처 기준'은 인구 증가지역을 선점하는 게 일반적이다. 환금성과 잠재성에 신경 써야 한다.

'실수요처 기준'은 삶의 질적 가치에 비중을 크게 둔다. 전원시대에 맞게 자연의 이치에 맞는 지역을 선점한다. 탁월한 자연환경은 삶의 질적 가치를 높일 만한 강한 프리미엄 역할을 제공한다. 인구 증가세에 신경 쓸 이유가 없다. 가격 상승에 집착할 필요가 없다.

환금화에 예민할 이유가 없다.

투자자의 길, 실수요자의 길

하나는 차분할 것이고, 다른 하나는 조급하다.

투자자의 길 – **예** 개발청사진이 존속하는 곳을 선점해 걷는다. 실수요자가 절대로 접근할 수 없는 곳이다. 당장 건축행위가 불가능한 맹지 상태이거나, 설령 건축이 가능하다 해도 추후 개발범위 안에 들어간다면 새 건물도 일방적으로 헐리게 될 수 있기 때문이다.

실수요자의 길 – **예** 전용과정이 용이하다. 중요한 건 이 경우 투자가치도 기대할 수 있다는 것이다. 단기간 내 환금성을 높일 수 있다. 단기간 내 부동산공법에 의거해 변혁과 변모가 이루어질 수 있기 때문이다. 지목 변경이 되어 갑자기 현장감이 변하고 접근도가 달라질 수 있다. 예비지주가 직접적으로 목격할 수 있는 부분이라 신뢰도가 높다. 해당 지역 공무원을 통해 상황 변화를 알아볼 수 있어 투명하기 때문이다.

투자자에겐 컨설턴트가 필요하고, 실수요자에겐 공무원이 필요하다. 100% 신뢰도에 따라 예비지주들의 관심도가 높아진다. 가격이 뛸 수 있는 이유다. 개별적인 개발비용만 허용된다면 1년 안에 10배 이상의 수익도 바랄 수 있다. 개별적인 개발은 개별적 투자비용과 정비례하기 때문이다. 다만, 부동산공법이나 공시법 등의 법과 약속의 허용범위 안에서 가능한 시나리오다.

투자처를 정하는 기준은 무엇인가. 투자자의 개인적 성향에 따라 가치의 기준은 다를 수밖에 없다. 예를 들면 인구 상태를 보고 투자처를 정할 수 있다. 이때 인구의 질적 가치와 양적 가치 중 하나를 선택한다. 질적 가치가 낮다면 투자가치를 기대할 수 없기 때문이다. 지상물 구조와 양적 가치에 따라 투자처를 정하는 사람도 있다. 접근성을 보고 투자처를 정하는 경우도 있다. 개발계획 하나를 보고 투자지역을 정하는 경우도 있다. 높은 현장감에 매료되어 그쪽으로 기수를 돌리는 경우도 있다. 인구를 보고 움직이는 경우는 안전성이 높을 수 있다. 인구 상태와 접근성은 정비례한다. 지상물 상태를 보고 움직이는 건 높은 현장감과 연관성 있다. 결국, 투자처를 정할 만한 가치의 기준은 다음 5가지로 정리된다.

1. 인구 상태
2. 지상물 구조와 양적 가치
3. 접근성
4. 개발계획도
5. 높은 현장감

1에서 5까지 모두 갖춘 곳이라면 최고의 가치를 구가할 것이다. 경기지역에서 상당히 많이 목격되고 있다. 인구의 다양성이 곧 접근성과 잠재성을 보증한다.

멀티부동산이 답이다

멀티시대다. 다양한 기능이 환영 받는 시대다. 연예계만 봐도 가수가 노래만 잘해선 성공할 수 없는 시대다. 춤, 연기, 개그 등 다양한 재능와 기능을 보유하지 않는 자는 생명력이 짧다.

부동산도 마찬가지로 시대 변천에 적극 따라야 한다. 주상복합아파트, 주택상가나 상가주택 등 멀티부동산이 각광 받는 건 당연지사다. 대의명분이 강해 가능한 일이다. 차별성이 곧 다변화인 것이다. 다양성과 연계되는 입장이다. 차별성이 희소가치와 연결되듯 말이다.

역세권도 마찬가지 입장이다. 멀티역세권이 대세다. 단순히 지나가는 역사는 역 효과가 미진하다. 복합시설물이 들어서지 않으면 역 효과도 크지 않을 게 분명하다. 지식산업센터(아파트형공장)나 휴양형 주거단지(세컨드하우스로 관광 및 주거형태를 혼합한 혼합형 부동산) 등도 인기 있다. 한 가지 이유로는 이류, 삼류 취급 받는 시대다. 멀티가 곧 일류인 것이다.

개발사안도 매한가지다. 한 가지 개발이슈로는 부족하다. 안전하지 않다. 산업단지 인근 주거단지, 그리고 관광단지가 함께 움직이는 곳이 안전한 투자처가 될 것이다. 3배 이상의 동력이 불 수 있을 테니까.

전원시대, 장수시대에 맞게 전원형부동산도 대세다. 전원형빌라가 나오더니 이젠 전원형 소형아파트도 도시형생활주택과 더불어 관심사가 되었다. 도시와 시골생활을 겸하자는 주의일 거다. 즉 접근성을 무시하는 시골생활을 타파하고자 노력하는 것이다. 다변화와 다양성이 함께 묻어난 것이다.

지금은 장수시대다. 그 한편엔 전원시대가 당당히 서 있다. 도시인은 시골생활을 그리고, 시골사람들은 도시의 환상적인 편익시설들을 그릴 수 있다. 멀티 공간이 답인 까닭이다. 멀티공간 활용도가 필요하다. 미분양과 공실만 주의한다면 멀티부동산의 미래는 긍정적이다.

덕이 될 수 있는 부동산과 복이 될 만한 부동산 구조

나랑 궁합이 잘 맞는 매도자와의 인연은 큰 행운이다. 가성비 높은 부동산과 만날 수 있는 기회다. 투자가치는 물론, 희소가치의 극대화를 노릴 만한 물건과 만날 수 있는 기획의 기회다.

- 덕이 되는 부동산 인위적 사안으로 인간의 노력이 절대적으로 필요하다. 기획의 여정이 필요하다.
- 독이 되는 부동산 절망적인 맹지, 잠재력이 없는 상태의 부동산

- **복이 되는 부동산** 자연환경, 즉 태생적이다. 덕이 필요하다.
- **돈이 되는 부동산** 복(자연환경)을 극대화할 만한 덕(개발 능력)이 필요하다. 즉 돈에겐 복과 덕이 중요하다.

위 4가지 부동산들은 우리 주변에서 흔히 만날 수 있다. 중요한 건 돈의 재료가 될 만한 게 무엇이냐는 것이다. 덕의 성질, 독의 성질, 복의 성질 한 발 더 나아가 돈의 성질까지 완전하게 그 성질을 인지할 필요가 있다. 독(⑩ 실수, 실패) 공부도 등한시하면 안 된다. 덕이 독이 되고, 돈이 독이 되는 세상이다. 이 역시 흔한 일이다.

복이 독이 되는 경우도 있다. 선친이 물려주신 강남 빌딩을 단번에 허공에 날려버리는 경우도 없는 건 아니다. 이참에 독의 크기를 정독할 필요가 있다. 사람은 부동산을 필요로 하고 부동산은 사람을 필요로 하듯 덕은 사람에게 필요하고 복 역시 사람에게 필요한 주요덕목이다. 부동산이 활용 대상이듯 덕과 복 역시 악용 대상이 아니다. 덕과 복 사이 인간이 있다. 인간의 활용도가 높다.

덕이 되는 부동산의 2가지 상황과 예
지주의 전용과정, 국가의 타당성 높은 개발 진행과정

부동산의 지식과 지혜
투자 전에 부동산공법 및 공시법(부동산 지식) 등 지식을 기본으로 잠재력(노하우 책)을 극대화시키는 지혜를 갈고 닦아야 한다. 부동산 사용설명서는 실수요자에게 필요한 것이고, 부동산에 응용력은 투자자에게 필요하다.

부동산 사용설명서는 개별적으로 활용이 가능하다. 개발범위가 작을 수밖에 없다. 부동산에 관한 응용력은 국가적으로 활용이 가능하나, 개발범위가 클 수밖에 없다. 개별적으로 활용할 때는 분할작업이 필요하다. 필지 개발을 한다. 국가적으로 개발하는 경우엔 획지 개발형식을 취한다. 용도 배치구도 작업이 필요한 상황이기 때문이다.

예를 들어 주거 및 상업시설, 녹지공간으로 활용하는 것이다. 부동산 사용설명서와 부동산에 대한 응용력은 추후 실수요자가 활용가능하다. 개발의 목표는 다양한 인구의 유입 및 유도이기 때문이다. 결국 부동산을 실제 활용하려는 자에겐 부동산의 지식, 투자자에게는 지혜가 필요하다. 지식과 지혜를 구별하지 못하면 자신감과 결단력이 부족하여 투자가 힘들다. 평생 관망자세만 취할 수밖에 없다.

안전한 투자를 위한 3가지 힘

정보력

기회를 십분 활용하는 힘이 정보력이다. 기회의 양적 가치도 중요하나, 기회의 질적 가치가 더 중요하다.

자제력

과욕과 방심은 절대 금물이다. 투자에 성공을 했다고 방심하면 모든 걸 잃을 수도 있다. 부동산부자가 거지로 사는 경우도 있다. 만족을 모르는 마음이 문제다. 하이에나 일생과 다를 바 없다. 유통기간이 한참 지난 오래된 죽은 고기(낡고 오래된 부동산 정보)를 먹다가 낭패를 본다.

판단력

정보의 양보단 정보의 질에 집중하는 것이다. 가치의 판단이 필요하다. 개발남발시대와 정보남발시대에 살고 있는 우리에겐 바른 판단력이 반드시 필요하다. 개발정보의 정확도를 정밀하게 분석해야 한다. 정보력 하나로 움직이면 안 된다.

젊은 인구의 희소가치가 높은 이유

젊은 인구의 희소가치가 높다. 그 이유는 20대 자살률이 점점 높아지고, 출산률이 절벽에 가까워지고 있기 때문이다. 20대 사망 원인의 1위가 자살이다. 전체 인구가 감소하는 상황에서 노인인구가 증가하는 지역보다 젊은 인구가 증가하는 지역이 훨씬 부족하다. 아이를 천연기념물 제1004호로 지정하는 시대가 곧 도래할 지도 모른다.

결혼 포기자가 급증하고, 출산을 기피하는 상황에서 가능한 시나리오다. 요즘은 애 대신 개를 키운다. 견주는 2가지 의미를 갖는다. 개주인과 더불어 '개집(犬住)'이라는 의미를 부여 받는다. 부동산뿐만 아니라 개를 통해 힐링을 느끼려는 인구가 급증세다.

갈수록 늙어가는 지역과 젊어지는 지역이 공존하겠지만, 확연한 차이가 날 것이다. 투자지역과 실수요공간으로 말이다. 젊은 지역의 희소가치가 날로 천념기념물 그 이상으로 높아질 것이다. 장수시대이기 때문이다. 지방 오지지역의 고정인구가 늘어가고 있다. 아무리 귀농 및 귀촌(전원) 시대라지만 귀농을 원하는 인구는 베이비부머가 대부분이다. 즉 예비노인인 것이다. 지방 오지가 늘어갈 수밖에 없는 이유다. 노인이 늘어날수록 젊은이와 아이의 존재가치는 그 범위가 광대해질 것이다. 존재가치가 잠재가치를 뛰어넘어 곧 희소가치로 연결될 것이다. 가치의 가치가 커질 것이다.

명품부동산과 그 기준선

삶의 질이 높은 공간이 있다면 그곳에 좋은 부동산이 존재할 가능성이 높다. 삶의 질적 가치를 올릴 만한 요소는 무엇일까. 좀 더 구체적으로 접근하려면 사람의 머리에 집중하면 된다. 어느 한곳에 머물고 있을 때 귀가 편한 상태를 유지할 수 있고, 코가 편한 상태를 유지할 수 있다면 기분이 좋아질 것이다. 입이 즐거울 때도 마찬가지다. 눈이 즐거울 때 역시 마찬가지. 귀, 코, 입, 눈이 편할 때 마음도 편해지고 머리도 한결 편해질 것이다. 이런 터가 사람의 기운과 온기를 키울 수 있을 것이다. 이런 터가 바로 사람 살기 좋은 힐링공간이다. 사람이 몰려 부동산 가치가 높아질 것이고, 장수시대에 딱 맞는 여건이 조성될 것이다.

결국 명품부동산의 기준은 사람의 마음과 머리를 기분 좋게 만들 수 있는 공간이 많은 곳이다. 편하지 않으면 좋은 부동산이 될 수 없다. 부동산 개발의 최종 목표는 불편한 지금의 상황을 살기 편한 꿈의 도시공간과 정원으로 변화시키는 것이다. 그것으로 말미암아 행복을 추구할 수 있는 터전과 여건이 조성되는 것이다.

부동산의 생명은 입지다. 입지 상태를 파악할 수 있는 재료 중 부동산 브랜드가치와 지역브랜드에 일방적으로 함몰되면 안 된다. 브랜드 자체가 실용성, 필요성 등과 직접적으로 비례하는 건 아니다. 브랜드 가치의 크기, 지역면적은 너무 광대하기 때문이다. 모래사장에서 바늘 찾는 격이다. 찾는 기준과 방법을 모른다면 급소 찾는 과정이 고역이 될 것이다.

크기보단 질에 집중할 필요가 있다. 질은 성질의 다른 말이다. 자동차와 아파트의 공통점은 오래될수록 위험하다는 것이다. 안전도가 낮기 때문이다. 이에 반해 땅은 오래될수록 유리할 수 있다. 땅 자체나 그 주변상황과 분위기가 갑자기 변하는 경우가 많지 않아서다. 개발계획수립, 진행과정 등 일련의 여정이 복잡다단하다. 10년 주기로 상황이 변한다. 10년이면 강산이 변한다고 했던가.

10년이 5년이 되는 경우의 수도 왕왕 있지만 무엇보다 땅의 성질을 체득하는 게 중요하다. 외모의 가치는 땅 가치와 거의 무관하기 때문이다. 얼굴이 예쁘고 멋있다고 반드시 마음이 예쁜 게 아닐 거다. 땅도 얼굴이 예쁘다고 반드시 속성까지 예쁘다고 말할 수 없다. 토지이용계획확인서와 현장답사가 중요한 이유다.

변하기 쉽지 않은 땅의 성질

부동산에 관한 컨설턴트의 양심이야말로 부동산 투자예정자의 의심을 대폭 줄일 수 있는 힘일 것이다. 투자자가 급증하여 거래량이 늘고, 그 덕분에 경기 활성화의 경계가 사라질 수 있다. 도덕성의 힘을 무시할 수 없는 이유는 잠재성과 가능성을 발효하는 효력을 지녔기 때문이다. 진실이 현실을 이긴다. 생명력에서 사실보다 진실이 훨씬 유리한 입장이기 때문이다.

성공한 사람의 특징은 좋은 책을 만났거나 좋은 사람들을 만났다는 것이다. 좋은 부동산과도 인연을 맺은 상태다. 따라서 만족스런 성공을 바란다면 좋은 책과 좋은 사람을 만날 수 있는 방법 등을 연구하지 않으면 안 된다. 좋은 부동산을 고르는 방법 역시 중요하다.

땅의 성질을 볼 수 있다면 미래를 볼 수 있는 혜안이 생긴다. 각종 시설물이 땅값을 이동시킬 수 있다. 물론, 편익시설과 비편익시설물로 나뉘겠지만 말이다. 종교시설은 종교 자체를 헌법이 인정하고 보장하는 상황이라 강한 힘을 보유하고 있다. 자연보다 외려 우위에 있다 할 수 있을 정도로 강하다. 산림을 훼손하면서까지 종교시설을 개발하는 실정이다.

주거시설은 어떤가. 땅이 있는 곳 어디에나 주거시설물이 들어와 있다. 폐가도 많고 농어가주택도 많은 상황이다. 장수 및 전원시대를 맞아 놓고 있는 중대형 전원주택도 많다. 이런 판국이라 전원주택이 임시방편으로 악용되는 사례도 없지 않다. 즉 주거시설이 아닌 휴양시설물로 변형되는 사례 말이다.

상업시설의 경우 중심상업지역의 땅값 위치는 최고수위다. 땅값(대지지분)이 거의 미친 가격 수준이다. 다양한 유동인구가 외부로부터 흡입된다. 인구 흡입력의 다른 표현은 잠재력이다. 산업시설은 고용인구를 창출한다. 단, 기계화 된 산업단지는 투자자 입장에서 위험할 수 있다. 물론, 인근 상업시설의 영향도 있겠지만 말이다. 자영업자들이 힘들면 지역경제도 힘들기 때문이다. 공업시설은 산업시설물과 직접 연계되고 위락시설은 숙박시설을 대변한다. 업무시설은 상업시설물과 공유하고 교류하는 입장이다. 관광시설은 숙박시설물과 연계된다.

혐오시설은 기피시설로 치부한다. 군사시설물은 국방을 적극 대변한다. 보호 입장에선 가장 큰 동력을 지닌다. 땅값에 큰 영향을 미치지 않는다. 다만, 제한구역과 통제구역이 문제다. 물론, 전자의 경우를 따라야 한다. 군부대협의지역과 행정위탁지역으로 구분한다. 전자보단 후자를 따라야 하는 건 당연지사다.

기피시설 중 장애인시설을 혐오시설물로 박대하는 사람들은 큰 벌을 받을 것이다. 장애인시설을 지역랜드마크로 격상하여 봉사와 사랑의 정신에 매진하는 분들은 복 많은 분들이다. 사람 냄새 나는 지역으로, 삶의 질적 가치가 격상될 게 확실하다. 장애인시설은 반드시 필요한 시설이다. 갈수록 후천성장애인들이 급증해서다. 더욱이 성격장애자 수도 급증세다. 정신병원이 늘고 요양시설도 늘고 있는 판국이다.

장수시대에 맞춰 고령화현상에 대비할 필요가 있다. 정신병원이나 요양시설을 혐오시설물로 취급하기보단 반드시 필요한 편익공간이나 선진복지시설로 수용할 때 선진복지 및 부동산선진국 위상에 한걸음 앞서 나갈 수 있다. 시설물을 활용하는 인구가 다양하기 때문이다. 사회복지사와 의사, 사회봉사자와 그와 관련된 이해관계자, 후견인, 관련 공무원들과 장애인 가족이 그 좋은 실례라 하겠다.

결국 땅은 주변 시설물에 의해 움직이는 변수 속에 가격 이동이 가능하다. 공작물(교량, 터널 등)에 의해서도 땅값은 바뀐다. 단, 철탑은 예외다. 단순히 땅과 땅이 화합하여 가격이 이동하는 예도 없는 건 아니나(예 옆 지주의 농지전용과정에 의함), 보통 인근 지상물, 시설물, 공작물, 구조물 등 외부세력에 의해 가격이 이동한다. 심지어 인근 산을 깎아 개발한다는 소문에도 땅값이 미동한다. 내 땅 인근에 훼손된 자연환경이 내 땅 입장에선 호재가 될 수 있다. 예상 밖의 일들이 발생한다. 그래서 환금성이 가장 낮고 부동산 종목 중 유일무이한 미완성물인 땅에 돈을 던지는 것이다.

개발이슈가 없는 땅이라고 희망을 포기할 필요 없다. 내 땅 인근의 작은 전원주택들에 의해서도 내 땅이 움직이는 예도 있다. 주거지 없는 땅이 드물다. 모세혈관처럼 길게, 혹은 넓게 뻗어 있는 도로 모형에서 기대치를 높인다. 주거지 없는 땅 찾기 힘든 이유가 바로 이것이다. 길 없이는 인간은 아무 곳도 갈 수 없다.

접근성이 떨어진 주거지도 많다. 예비주거시설물(택지 수준)이 많은 이유다. 여러 시설물 중 가장 많은 덕목을 지닌 시설물이 곧 주거시설이다. 인간이 있는 곳엔 항상 의식주가 의식적으로 발현하니까. 의식주 중 주가 땅은 아니다. 집이기 때문이다. 땅은 역시 집의 원재료다. 지상권을 발동시킨다.

여자와 부동산

복부인은 복 많은 여성으로서 부동산 고수 중에도 최고수! 부동산 성공자를 의미하나, 투기꾼으로 일축하는 경우도 다반사다. 부동산 속어로 상용되기 때문이다. 그러나 부동산 뒤에는 항시 여자가 존재한다. 여자의 역할을 무시할 수 없다. 큰 영향력(과 잠재력)을 행사한다.

부동산1번지 강남엔 아줌마 군단이 발 빠르게 움직인다. 강남

아줌마부대가 공급과 수요를 주도한다. 적극적이고 공격적이기 때문이다. 강남 기획부동산은 전국으로 퍼져 있다. 이미 대중화가 되었다. 강남에만 존재하지 않는다. 전국적으로 퍼져 있어 그 위력은 과거보다 더 커졌다. 무조건 욕만 할 건 아니다.

더욱이 주거시설이 투자종목에서 벗어나는 통에 그들이 수적으로 증가일로를 달리고 있다. 기획부동산에서 아줌마의 힘은 크다. 경제 주축이다. 강남 기획부동산이 문 닫으면 함께 문 닫는 상업시설이 상당하다. 강남이 여의도보다 빌딩 공실률이 낮은 이유가 바로 기획부동산의 높은 잠재력 때문이다. 어엿한 존재가치인 것이다.

그러나 기획부동산에 관한 사회적 인식도는 여전히 최악이다. 기획이라는 좋은 단어가 퇴색되었다. 기획부동산 인구가 급증세다. 기획부동산이 바로 서야 하는 이유다. 고객 감동보단 고객 미래를 걱정하는 자세가 필요하다.

부동산은 여자가 없으면 유지될 수가 없다. 여자 수명이 남자 수명보다 평균적으로 10년 그 이상 길다. 수도권보다 지방, 특히 오지의 경우 여자인구가 남자인구를 크게 압도한다. 여자 장수시대이다 보니 전체 인구도 여자가 남자보다 조금 더 많다. 땅 수명은 여자 수명과 흡사하다. 그 성격 면에서 말이다. 땅의 끈기와 여성의 지구력이 닮았다. 갈수록 부동산 수명이 길어지고 있다. 여성 수명도 늘고 있는 형세다.

갈수록 부동산 수명이 길어지는 것은 부동산의 환금성이 낮아지기 때문이다. 거래가 뜸하다. 실활용 목적으로 매수하고자 하는 의지가 점차 강해져서다. 보유기간이 길어지기 때문에 부동산 수명이 길어지는 것이다. 집 매수 목적이 점차 실활용쪽으로 흐르는 추세다.

공인중개사는 남자가 더 많지만 기획부동산에서 활동하는 전문가들은 여성이 대부분이다. 수적으로 우위다. 결론적으로 여자가 부동산(땅)을 주도하는 시대다. 여자가 없다면 기획부동산의 존재감과 기대감은 떨어진다. 땅 투자자의 대부분은 여자다. 여자가 땅을 지배한다. 결단력이 강한 동물이 여자다. 땅의 성격과 여자 성격이 비슷하다. 수명이 길고 끈기가 있다. 생산(분만) 능력이 있다. 모든 부동산의 재료가 땅이다. 여자가 남자를 낳는 것은 순리다. 남자는 여자를 못 낳기 때문이다. 땅은 아이처럼 미성숙, 미완성물이다. 엄마(여자)의 손길을 필요로 한다. 기획부동산과 여자는 관계가 깊다. 기획부동산이 필요악인 이유다.

부동산의 혁신과정과 혁명과업

혁신과 혁명의 차이점이 무엇인가. 타고난 성질을 새로 설정 및 정립하여 그 본질을 전면 수정하는 과정이 바로 혁명이다. 그에 반해 혁신은 일부의 상처만 수정할 수 있는, 즉 성질의 일부분만 치유하는 과정인 것이다. 우리나라 부동산에서 필요한 과업이 바로 혁신보단 혁명이다. 부동산의 빈부격차가 상상을 초월한다.

부동산 혁신과 혁명의 차이는 무엇인가. 혁신은 인간이, 땅이 할 수 있는 큰 능력이지만, 혁명은 하늘만이 할 수 있는 특권이다. 혁신은 인간이 노력을 도구로 사용한 결과이지만, 혁명은 인간의 힘으로는 도저히 이룰 수 없는 성과이다. 자연의 변화에 의지, 의존하는 경우도 많다.

예를 들면 대형 산사태라는 자연재해 속에 자연스럽게 형성된 지각변동현상이 그 힘을 대변한다. 지형도가 변할 수 있기 때문이다. 악산이 변해 평지로 변할 수도 있다.

부동산의 안전성을 극대화하는 방도가 혁신일 수 있지만, 혁명은 수익성을 의미한다. 부동산의 수익률 크기는 하늘에서 정해주기 때문이다.

수익률에 대한 인간의 능력은 가능성을 예측하는 게 전부다. 안전성에 대한 지대한 노력과 성찰만 할뿐이다. 부동산 정책을 통해 혁명이 일어날 수도 있지만, 우리나라 부동산 정책은 수명이 짧아 혁명에 접근하기 힘들다. 혁신의 과정보단 혁명의 과업이 필요한데 말이다. 혹독한 혁명과정과 과업을 통해 부동산이 환골탈태할 수 있기 때문이다. 사업성에 지배를 받는 성질을 혁신에서 발견할 수 있지만, 산업의 성질을 일방적으로 지배할 만한 위치에 놓인 건 혁명이다. 핵심의 크기 차이가 바로 혁신과 혁명의 차이다. 혁명적 과업의 실천이 곧 부동산을 환골탈태시킬 만한 큰 힘인 것이다.

부록

돈이 되는 지역
BEST

명품도시의 자격조건

　명품 옷을 입고 있다고 무조건 명품 인간은 아니다. 마찬가지로 명품 도시에 명품 부동산만 존재할 수 없다. 명문대에 명품 학생만 존재할 수 없는 것처럼 말이다. 강남지역에 질적 가치 높은 인구만 존재한다는 건 큰 착각이다. 명품 부동산에 무조건 명품 인구가 존재한다는 것 역시 큰 착각이다. 강남을 무조건 명품 도시로 인정하기 힘든 이유다.

　명품 부동산의 기준은 하나, 명품 인구가 있는 곳이다. 명품 도시에 짝퉁 부동산이 존재한다면 명품 도시로 인정받기 힘들다. 명품 인구는 고용인구를 말한다. 생산가능인구이자 출산가능인구로 미래가 밝다. 명품 인구가 명품 부동산을 만든다. 한 지역의 주제(주체, 주역)가 될 만한 주재료다. 명품 부동산이 지역 발전의 모토다.

결국 명품 인구는 투자자에게나 실수요자에게나 모두 필요하다. 지역 실업률과 명품 인구는 서로 밀접한 관계에 놓여 있다. 수적으로나 양적으로 경기도에 명품도시가 많다. 젊은 인구가 많아서다. 비록 31개에 불과한 시군이지만 지방 대비 질적 가치가 높다.

경기도의 뒤끝 있는 8가지 성질
잠재성, 다양성, 연계 및 접근성, 유동성, 융통성, 활용성, 투명성, 타당성

서울 사람뿐만 아니라 지방 사람들도 경기도를 눈여겨본다. 미래가치가 매우 높기 때문이다. 인적물적자원뿐만 아니라 개발청사진도 풍부하다. 젊은 도시가 많고 100만 거대도시 또한 세 곳이나 된다. 전자가 화성 평택이라면, 후자는 용인, 수원, 고양시다. 하나는 미래가치를, 다른 하나는 현재가치에 집중하는 상황이다. 따라서 투자자에겐 화성과 평택에 들어가는 게 유리하다. 서해선이 완성되는 오는 2020년 거대도시로 재탄생할 게 분명하기 때문이다.

경기도 31개 지자체 중 투자가치에 집중할 수 있는 공간과 실수요가치에 집중할 수 있는 공간이 있지만, 실수요 겸 투자가치를 함께 조율할 만한 곳도 많은 편이다. 언론의 관심도와 집중도도 무시할 수 없다. 인구의 다양성과 꾸준한 인구 증가 세력 또한 무시할 수 없다. 다양성과 개성이 함께 공유, 공존할 만한 여건이 조성되다 보니 언론에 집중 조명을 받는 것이다.

서울특별시는 특별하다. 무주택자가 많다. 귀농인구가 늘어나고 장수시대에 본격 돌입하면서부터 인구가 감소하고 있다. 고정 및 주거인구가 줄어드는 대신 활발한 유동인구의 활동력이 그나마 서울의 존재가치를 인정하는 눈치다. 교통망(광역)이 다양하여 빨대효과를 노릴 수 있는 상황이다. 귀농인구 중 고향으로 회귀하는 경우도 있겠지만 도농복합시, 전원생활과 도시생활을 함께 누릴 수 있는 경기도를 선호하는 경향이 없지 않다. 역시 실수요가치와 투자가치 모두를 함께 노릴 수 있는 곳이 경기도이기 때문이다.

경기도에 투자하는 이유가 바로 뒤끝이 단단한 8가지 성질 때문일 것이다. 잠재성 면에선 국내 최고 수준이다. 역시 인구의 다양성과 꾸준한 증가세 때문이다. 인구 증가의 동력은 화성, 평택(예 서해선), 남양주(예 진접선) 등도 만만치 않다. 새로운 교통망, 전철이 생기고 나면 인구 증가세력은 폭발적일 것이다. 기존 전철의 힘보다 배가가 될 게 분명하다. 속도와 성능면에서 지금보다 탁월할 게 분명하기 때문이다. 연계 및 접근성 역시 국내 최고 수준을 유지하는데 이는 서울특별시와의 높은 접근성 때문이다.

유동성도 무시할 수 없다. 유동성은 융통성과 활용성의 모태다. 경기도는 투명하다. 지역특질 등을 언론을 통해 알아볼 수 있지만 지자체에서도 다양한 각도로 당당히 알아볼 수 있어 투명성이 어느 수위 확보되어 있다. 현장감과 토지이용계획확인서를 비교분석할 때 큰 격차가 나지 않는다. 마치 주택의 개별공시지가와 시가의 차이가 별로 나지 않은 것처럼 오차가 거의 없다. 무엇보다 투명성 확보는 중첩개발가능성과 높은 타당성에서 나온다. 역시 꾸준한 인구 증가세 때문이다. 이러한 여러 가지 성질로 인해 당연히 자연히 탄생하는 성질이 안전성이다. 안전성의 재료가 곧 잠재성, 연계성, 접근성, 유동성, 투명성인 것이다.

- 안전성 확보의 과정 **환금성**
- 환금성 확보의 결과 **만족감을 크게 느낄 만한 수익성 확보**

수도권(서울, 경기 및 인천)에 예속되어 있는 경기도는 서울의 유동인구가 급증하면서 장차 고정 및 주거인구가 급증할 것으로 예상된다. 지방인구의 경기지역으로의 흡수력 또한 대단한 수준이다. 투자 겸 실수요자들이다. 활용가치 높은 인구다. 비어 있는 부동산이 줄어들 수 있다.

수도권과 신수도권 길의 힘

수도권(서울, 경기, 인천지역)과 신(新)수도권(강원 및 충청지역)의 교통은 미래다. 수도권을 리드하는 입장인 경기도의 강점은 인구구조의 다양성 및 교통의 다양성으로 압축할 수 있다. 실수요자 구조와 투자자 구조의 비중이 균형을 이룰 만한 요건이다. 안전한 투자를 할 수 있는 이유가 될 것이다.

경기도를 대표할 만한 지역은 다양하다. 수원시와 고양 및 용인시는 거대도시다. 화성과 평택, 그리고 성남시는 예비 거대 도시다. 경기도 현재 인구는 13,120,561명(2017. 3 기준). 지난 2011년과 2016년의 인구는 각기 12,240,000명과 13,090,000명으로 최근 급증세다. 서울 및 강원과 충청인구의 유입의 효과일 것이다.

서울특별시는 1000만 도시에서 벗어나 계속 인구가 급감하는 상황이다. 고정인구는 줄고 유동인구는 증가세다. 역시 교통망 확대 때문이다. 서울과 경기도의 공통점은 계속해서 땅값이 오르고 있다는 것이다. 차이점은 서울은 인구가 급감하고 있는 가운데에서도 땅값은 계속 오름세이나, 경기지역은 인구가 급증하면서 땅값 역시 급등세를 꾸준히 유지할 수 있다는 것이다. 정상을 향한 정상적인 모드가 경기도로 몰리는 이유다. 서울의 이상현상이 계속되는 한 경기도 인구는 계속 증가할 것이다.

경춘선의 강원도 총 인구는 1,564,615명이다. 이 중 시지역 인구는 1,130,615명이고, 군지역 인구는 434,000명이다. 강원도의 특징은 인구구조의 다양성보단 자연구조의 다양성에 주력하는 모양새다. 입지구조를 전면 바꿀 수는 없는 법이니까.

지하철 1호선이 지나는 서해안의 중심지 충청도는 인구와 자연의 조화를 기대할 만한 구조를 가진 곳이다. 충청인구 역시 경기도 매력에 흠뻑 빠져 있다. 더욱이 서해선이 완공되는 2020년 이후 경기도 매력은 잠재력으로 승화될 게 확실하다. 경기도가 투자처로 유리한 점은 역시 인구의 다양성과 꾸준한 증가세를 보지할 만한 능력을 보유하고 있다는 점일 것이다. 무엇보다 지방 대비 경기도 지역을 대표할 만한 지역랜드마크가(다양한 지자체가) 다수 포함되어 있다는 점이 강점 중 강점일 것이다.

강원도의 대표도시가 원주, 춘천, 강릉시라면 경기도 대표도시는 경강선을 지나가는 광주, 이천, 여주, 성남 등이다. 이 지역의 잠재력은 높은 평가를 받고 있다. 충청권 대표도시가 당진, 아산, 홍성, 천안, 청주라면 경기도는 남양주, 양주, 용인, 화성, 고양 등 새로운 도시가 형성되는 곳이다. 역시 잠재력 크기가 커서 기대감이 높다.

하지만 수도권지역과 신(新)수도권지역으로 대별할 수 있는 힘은 춘천, 아산, 천안 등을 통해 발현한다. 경기도 힘의 발현지가 바로 수도권과 신수도권지역인 것이다. 길 흐름도가 다양하다. 길 계획의 다양성이 곧 지역 잠재력이다.

봉담~송산고속도로사업(18.3km)

경기도 화성시 마도면(평택~시흥고속도로)부터 경기도 화성시 봉담읍(서수원~오산~평택고속도로)을 연결하는 고속도로 공사다.

주간사 한화건설

공사기간 착공일로부터 48개월

완공 예정 2021년(왕복4차로)

사업비 4806억원이며 민간투자사업(BTO)으로 진행된다.

출입시설 남봉담IC, 남비봉IC, 팔탄JCT, 화성IC, 마도IC, 마도JCT 등이다.

대곡~소사복선전철사업(19.6km 고양시 구간 6.8km)

　대곡~소사~원시간 지하철 사업의 목적은 수도권 서부지역을 남북방향으로 연계하는 기능수행과 장래 남북철도망 연결에 대비한 간선철도 기능수행이다. 더불어 남쪽으로 홍성을 거쳐 익산까지 연결되는 서해선 철도축이 생기면 해안고속도로 및 경부선 축의 혼잡완화에도 기여할 것으로 기대하고 있다. 고양시 대곡에서 부천시 소사를 20분 이내로 단축할 '대곡~소사 복선전철사업'은 임대형민간투자사업(BTL)이다. 지난 2005년 8월 예비타당성조사를 마쳤고, 2008년 5월 30일에 기본계획을 고시한 바 있다.

개발기간 2016년~2021년 6월

예산규모 1조 4468억원

소사~원시 복선전철사업(23.3km)

수혜지역 경기 부천시 소사동, 안산시 단원구 원시동 일대

준공 2018년(민간투자시설사업 BTL방식 채택)

사업비 1조 8832억원

추진실적 2001년 12월~2003년 12월(예비타당성조사)

2003년 3월~2003년 12월(타당성조사 및 기본계획)

노선 소사~복사~대야~신천~신현~시흥시장~연성~석수골~선부~화장~원곡~원시

평택~부여~익산민자고속도로사업

(평택~부여간 97.8km 부여~익산간 41.4km)

서부내륙도로는 총 연장 139.2km로 평택과 부여, 익산을 연결한다. 공사는 총 2단계로 나눠 진행된다. 평택과 부여를 잇는 1단계 공사가 우선 진행되고, 부여~익산구간은 2028년에 공사가 시작된다.

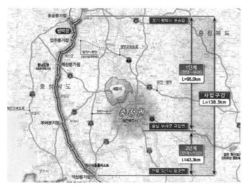

평택~부여

수혜지역 경기도 평택시 포승읍, 전북 익산시 왕궁면 일대

주요경과지 왕복 4~6차로로 건설되며, 포승~안중~현덕~인주~예산
~청양~부여~동익산~익산이다.

IC 안중, 포승, 인주, 예산, 청양, 부여, 동익산

JC 포승, 현덕, 인주, 예산, 부여, 익산

인덕원~수원선(35.3km)

수혜지역 경기도 안양시 동안구 관양동, 오산시 외

삼미동 일대

완공예정 2019년

사업비 2조 4474억

추진실적 2014년 12월 타당성 재조사 후 기본계획

재착수, 기본계획 완료 후 기본설계 착수

인덕원~수원선

화도~양평고속도로사업(17.6km)

화도~양평고속도로사업

경기도 남양주시 화도읍에서 양평군 옥천면까지 3개 공구로 나눠 고속도로를 건설한다.

완공예정 2020년 12월

터널 6개소/12,102m

교량 13개소/2,175m

추진실적 2011년 2월~2011년 8월 예비타당성조사, 2013년 5월 실시설계 적격자 선정

서울~문산고속도로사업

민자고속도로로 파주시에서 3대 핵심과제로 추진 중이다. 국토부 서울지방국토관리청과 서울문산고속도로(주)가 진행한다.

완공예정 2015~2020년

사업비 2조 2941억

서울~문산고속도로(주)는 서울~문산고속도로 사업 중 파주스타디움 앞 3공구 금촌IC건설구간의 성토를 시작으로 본격적인 사업에 착수했다.

이천 부발~충주~문경단선철도사업

이천 부발~충주~문경단선

경기도 이천~충주 충주~경북 문경을 잇는 중부내륙선 철도건설사업은 94.3km에 걸친 단선철도건설공사로 1단계 이천~충주, 2단계 충주~문경구간공사로 나눠 진행한다.

1단계 구간인 경기도 이천 부발에서 충북 충주까지 5개 공구건설을 위한 착공식은 지난 2015년에 이미 한 상태이고, 2단계 구간인 충주~문경구간은 2017년 착공예정이다. 중부내륙선철도건설사업이 완료되면 시속 200km로 운행하는 간선고속형 전동차가 운행되어 그 효과는 기대 이상일 것이다. 경기도 이천에서 문경까지 현재 버스로 2시간 걸리던 이동 시간이 33분대로 단축되기 때문이다.

개발기간 2005~2021년

사업비 1조 9248억

추진실적 1999년 2월 국가기간 교통망계획

       2002년 7월~2003년 6월 예비타당성조사

       2005년 6월~2006년 12월 여주~문경간 타당성조사

       2010년 12월 21일 총사업비 변경(증액)

       2011년 3월 21일 노반실시설계 계약 및 착수

월곶~판교선 복선전철사업(35.8km)

수혜지역 경기도 시흥시 월곶동, 성남시 분당구 백현동

완공예정 2019년

   월곶~판교선은 경강선의 일부로 이 노선 중 시흥시청~광명역 구간은 신안산선과 노선을 공용할 예정이다.

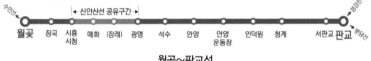

월곶~판교 복선전철 노선도

수인선 월곶 장곡 시흥시청 매화 (장래) 광명 석수 안양 안양운동장 인덕원 청계 서판교 판교 경강선 분당선

신안산선 공유구간

월곶~판교선

진접선(당고개~진접읍)

수혜지역 서울 노원구 상계동, 경기도 남양주시 진접읍 일대(14.8km)

완공예정 2019년

사업비 1조 990억원

추진실적 2011년 12월 30년 광역철도 지정고시

2013년 10월14일 주민 의견 수렴

진접선

　진접선 복선전철의 노반공사는 모두 4개 공구 중 2015년 6월 제1, 3, 4공구를 턴킨공사방식으로 착수했고, 2017년 3월말 2공구까지 착수함에 따라 전 구간에 걸쳐 본격적인 공사가 시작됐다. 사업종점인 진접읍 금곡리에서 당고개역까지 14분이 걸려 현재 버스로 이동하는 것보다 46분가량 단축할 것으로 기대된다.

경부고속선(평택~오산을 잇는 연장 47.5km에 이르는 복선철도사업)

완공예정 2020년

사업비 3조 604억원

여주~원주간 철도사업(21.9km)

수혜지역 강원도 원주시 학성동, 경기도 여주시 교동 일대

완공예정 2023년

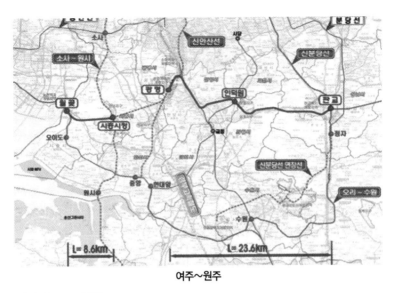

여주~원주

사업비 6329억원

별내선 암사~남양주(12.9km)

수혜지역 서울 강동구 암사동, 경기 남양주시 별내면 일대(지하철 8호선과 연계하여 수도권 동부지역 철도망 구축)

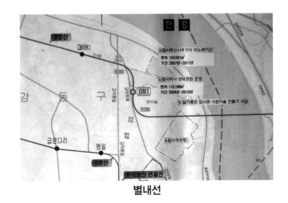

별내선

사업비 1조 3284억원

완공예정 2022년

　별내선은 현재 운행 중인 지하철 8호선 종점인 암사역(강동구 암사동)을 시작으로 한강 하부를 통과해 구리시 구간을 지나 남양주시 별내면까지 12.9km가 연장되는 사업이다. 서울시는 암사동과 한강 하부를 지하로 통과해 구리시 토평동까지 연결하는 1, 2공구 3.72km 구간의 공사를 맡는다. 별내선이 완공되면 남양주시 별내에서 송파구 잠실까지 이동 시간이 27분이 걸릴 전망이다. 기존 도시철도 노선 이용시보단 17분 정도 단축된다. 현재는 별내역에서 경춘선을 갈아타면 44분 정도 소요된다.

의정부~철원 복선철도사업(54.2km)

수혜지역 강원도 철원군 철원읍, 경기도 의정부시 의정부동

완공예정 2020년

노선 의정부~철원(포천)

사업비 2조 6571억원

중앙선 원주~제천 복선전철사업(41.1km)

청량리~도담구간 원주~제천을 경유하는 사업이다.

완공예정 2018년

사업비 덕소~원주 21,611억/ 원주~제천 14,774억 /제천~도담 3200억

추진실적 2002년 3월~2002년 7월 예비타당성조사

2008년 12월 노반실시설계 추진

중앙선 원주~제천

동해선 포항~삼척철도노선

수혜지역 강원도 삼척시 사직동 일대와 경북 포항시 북구 대흥동 일원

노선 포항~삼척(복선전철 7.39km, 단선철도 143.64km)

완공예정 2018년

사업비 2조 9417억원

동해선 강릉~제진(110.2km, 단선철도)

수혜지역 강원 강릉시 교동, 강원 고성군 현내면

노선 강릉~속초~고성~제진

완공예정 2020년

사업비 2조 7675억원

동해선 포항~동해복선전철(173.8km)

수혜지역 강원 동해시 송정동, 경북 포항시 북구 대흥동

완공예정 2020년

사업비 3조원

충청권 철도건설(논산~청주공항 106.9km)

개발기간 2016~2020년

사업비 1조 1708억

당진~천안고속도로사업(43.2km)

수혜지역 충남 천안시 동남구 풍세면, 당진시 송악읍 일대

노선 당진~아산~천안

완공예정 2020년(4차로로 건설)

사업효과 서해안고속도로와 경부고속도로를 동서로 연계

남이~천안고속도로사업(34.5km)

수혜지역 충남 천안시 동남구 목천읍, 충북 청주시 서원구 남이면 일대

출입시설 분기점(남이, 천안), 나들목(청주, 목천)

교량상황 36개소/2,558m(6, 8차로로 건설)

추진실적 2007년 2월~2007년 8월 예비타당성조사

충북선 조치원~봉양 건설사업(조치원과 봉양을 잇는 연장 115km에 이르는 고속화철도사업)

수혜지역 세종시 조치원읍, 충북 제천시 봉양읍 일원

완공예정 2020년

사업비 1474억원

호남고속철도사업(오송~익산~광주송정~목포 249km)

수혜지역 충북 청주시 흥덕구 오송읍, 전남 목포시 호남동 일원

개발기간 2006~2018년

사업비 10조원 이상

추진실적 2006년 8월 28일 호남고속철도 건설기본계획 확정 및 고시

2009년 4월 16일 사업실시계획 승인

2015년 4월 2일 호남고속철도(오송~광주송정구간) 개통

중앙선 도담~영천건설사업(148km)

수혜지 충북 단양군 매포읍과 경북 영천시 완산동 일원

완공예정 2020년

사업비 3조 이상

추진실적 2010년 1월 도담~영천 예비타당성조사

2010년 9월 타당성조사 및 기본계획수립착수

2010년 9월 이후 기본계획고시, 기공식

천안~청주공항선(56.1km에 이르는 복선전철사업)

수혜지 충남 천안시 동남구 대흥동 일대

완공예정 2021년

사업비 7787억원

추진실적 2015년 8월 타당성조사 및 기본계획완료 이후 노반기본 및 실시설계 착수예정, 2015년 12월 기본계획 용역 완료

수도권의 화려한 화력, 인력으로 막을 수 없다

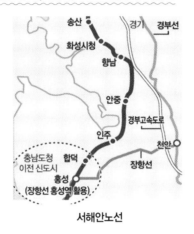

서해안노선

바야흐로 서해안시대가 활짝 꽃필 날도 머지않아 보인다. 그 중심축엔 물론, 지금 한창 개발 중인 서해안복선전철이 있다. 기대감도 크다. 경강선 완공으로 수도권의 화력은 날로 커지고 있다. 실수요자와 투자자가 함께 늘고 있다는 느낌이 든다. 2020년 서해선이 완공되면 수도권의 크기가 더 커지고 인구 또한 큰 폭으로 늘어날

것이다. 역시 투자자도 증가할 것이고, 투자층도 다양해질 것이다. 장수시대를 맞아 지방의 비경제활동인구 중에도 투자를 통해 제2의 인생을 살고자 애쓰는 사람들이 생길 수 있기 때문이다. 그 힘은 날로 커져 수도권이 대한민국의 랜드마크가 될 것이다. 대한민국의 얼굴이 서울특별시에서 수도권으로 전격 이미지를 변신할 것이다.

제2의 서울인 세종특별자치시의 존재감이 크다 할 수 있을까. 세종시 인구가 급증하는 모습만 봐선 최고 가치를 구가하고 있다. 지난 2010년 인구가 고작 8만 여명에 그쳤지만 2017년 6월말 현재의 인구는 무려 266,997명이다. 여기엔 실수요 겸 투자자도 섞여 있을 게 분명하다. 부동산정보를 활용하는 공직자들도 있지 않았는가. 충청 일부지역인 아산과 천안, 강원도 춘천 일부지역을 수도권이라고 명명하는 이도 있을 법하다. 전철효과가 그만큼 크다. 소위 제2의 수도라 불리는 세종시가 수도권전철노선에서 그 이름을 찾아볼 수 없다는 점이 의아하다. 이는 서해선 개통을 고대하는 이유가 될 법하다.

특히 환승역 홍성역을 기대한다. 홍성군이 세종시 그 이상으로 능력을 발휘할 것으로 예상된다. 물론 개통하고 나서 곧 시 승격이 될 게 확실하다. 홍성역은 장항선의 역으로, 향후 이 역에서 소사~원시선 원시역까지 가는 서해선철도가 건설될 예정이다.

내포신도시도 자랑거리다. 큰 이슈거리가 되기에 손색이 없다. 세종시 개발모토도 국토균형개발의 정립에 있지만, 홍성군의 내포신도시 역시 지역균형발전의 배후 거점도시 확보에 있다. 9,951,729㎡ 규모에 수용인구만 총10만 명이 넘는다. 서해선 완공과 동시에 오는 2020년 도시가 완성된다. 행정도시보다 10년 앞당겨 개발이 완료되는 셈이다. 물론, 2차 개발계획도 있지만 말이다. 그렇지만 수도권과 연계되는 전철의 화력의 기대감은 클 수밖에 없다. 내포신도시 덕을 톡톡히 볼 수 있는 지역은 충남 예산군 삽교읍 일대와 홍성군 홍북면 일대다. 장항선 노선과 연계되어 그 힘이 커진다. 천안역(기점)에서 익산역(종점)까지 그 힘이 커진다. 현재 천안역에서 신창역까지는 수도권전철이 병행한다.

제2의 수도가 홍성군이 될 수도 있다고 본다. 인위적 요소보단 자연적 요소가 강한 편이다. 내포신도시와 장항선과의 연계를 통한 수도권과 비수도권의 연동 역할을 충분히 소화하고도 남을 것이다.

전국적으로 땅값 오름폭이 가장 큰 곳의 특징은 인구의 집중력이 강하다는 것이다. 그 배경엔 제주, 세종, 화성, 평택 등이 있다. 수도권은 비수도권 대비 부동산 가격의 오름폭이 늘 크다. 수도권 땅값 오름폭과 상승속도 대비 비수도권지역의 땅값 오름폭과 상승속도는 비교대상이 될 수 없을 정도로 미미하다. 비수도권의 체격(면적)은 크나, 체력(잠재력)은 못 따라간다. 수도권지역과 비수도권이 다른 이유가 바로 인구 증가속도와 가격, 가치가 정비례할 수 있기 때문일 것이다.

수도권 브랜드가치가 극대화되어 있어 비수도권 브랜드가치를 의심하는 경우가 많다. 지방 투자라면 우선 포기부터 하려 든다. 수도권은 인구밀도가 높지만 비수도권지역의 인구밀도는 낮아서이다. 수도권 면적은 국토의 10분의 1 정도밖에 차지하지 않으나, 전체 인구의 절반가량이 집중적으로 몰려 있어 그 시너지 효과가 날로 커지고 있다. 체격 대비 체력이 엄청나다. 손님이 몰리는 식당에 사람이 들끓듯 인구집중도가 높은 곳에 투자자와 개미들이 들썩일 수밖에 없다. 수도권의 희소가치가 날로 높아질 수밖에 없는 이유다.

희소가치의 기준은 인구 상태로 알아본다. 고정(공업단지, 공업지역인구) 및 주거인구(주거단지와 주거지역인구)와의 합세와 조화로 지역을 선정한다. 주거지역의 높은 인구 증가율 대비 상업지역이나 공업지역인구가 부족하면 문제다. 희소가치를 의심 받을 수 있기 때문이다. 해당 지역에 편의시설이 부족하여 일방적으로 빨대현상에 지배를 받을 수 있다. 남 좋을 일만 해준다. 인근 대도시와 거대도시 인구만 살이 찔 수 있다. 수도권전철과 그와 연결된 다양한 교통수단의 힘이다.

수도권 신도시 역세권

부동산 투자자에겐 수도권, 신도시, 역세권 등의 단어들은 (자다가도 떡이 나올 정도로) 강력한 키워드가 되어 투자의 강한 동기부여가 되기에 부족함이 없다. 더욱이 수도권의 신도시 역세권은 땅 투자의 성공 보증수표가 될 수 있을 것이다. 수도권, 신도시, 역세권이 연결된다면 보다 강력한 힘을 발산할 수 있기 때문이다. 수도권이라는 명분도 강하지만 신도시 명분도 강한 법. 그러나 역세권은 다르다. 수도권과 신도시라는 바탕화면을 필요로 하기 때문이다.

수도권의 신도시 역세권(힘)이 강한 이유는 성공을 보장받을 만한 위치에 올라와 있어서다. 수도권의 신도시를 선택하는 건 지방에도 신도시가 있기 때문이다. 비교할 수 없을 정도로 가치 차이가 크다. 인구 흡수력의 차이가 크다. 신도시 내 역세권을 선택할 수 있는 건 역세권이라고 해서 모두가 성공적이라 할 수 없기 때문이다. 결국 땅의 가치를 제대로 끌어올릴 수 있는 힘은 역세권이다.

역세권 입지가 부동산의 생명이라 할 수 있다. 수도권에 자리잡은 신도시 내 역세권 땅이 최고가치를 구가할 수 있을 것이다. 수도권 인구의 다양성을 통해 신도시가 성공할 수 있고, 그 덕에 역세권 역시 성공의 길을 달려 나갈 수 있다. 역세권 범위가 확대 및 확장될 수 있기 때문이다. 직접역세권뿐 아니라 간접역세권 범위도 넓어져 미래가치를 보증 받을 수 있다. 500m 범위를 직접역세권이라고 부르나, 간접역세권의 거리는 법률적으로 정할 사안은 아니다. 직접역세권 영향력에 따라 정해질 수 있기 때문이다.

역세권 범위와 그 효력은 바로 인구의 다양성과 흡수력인 것이다. 인구가 꾸준히 증가할 수 있는 곳이 최고 가치를 향해 달려갈 만한 곳이다. 기대감이 큰 곳이다. 그런 곳이 바로 수도권 내 신도시 역세권이다. 수도권 마지막 신도시인 평택고덕국제신도시나 화성 향남택지개발지구(미니신도시)가 그 대표적인 예다. 평택고덕국제신도시는 위례-판교-광교-동탄을 잇는 수도권 최남단 마지막 신도시로, 수도권과 세종시 사이의 거점도시로 성장할 수 있을 것으로 보인다. 젊은 공간 화성 향남신도시 역시 서해선이 완공되면 다양한 지방의 동력을 흡수할 만한 위치에 놓일 게 확실하다.

수도권의 힘이 곧 신도시의 힘과 연결되는 거대 및 대도시 역세권인 것이다. 물론 신도시도 당사자이다. 수도권 전철노선은 전국으로 확대될 수 있다. 2020년 서해선이 그 시발점이 되는 것이다. 수도권 전철의 힘으로 현재는 충청 일부와 강원 일부 지역이 수도권의 힘을 보태는 형태다. 수도권의 위력은 북쪽보단 남쪽으로 확대될 수밖에 없다. 경의중앙선을 통해 계속 북쪽으로 확대, 연장할 수 있지만 그 한계점은 스스로 극복할 수 없다. 남북분단을 분간할 때다.

북쪽은 중첩규제의 강도가 심한 편이다. 자연보호와 국방이라는 2가지 명제가 있다. 북쪽보다 남쪽의 투자가치가 더 높을 수밖에 없는 이유다. 일종의 입지에 관한 풍선효과이다.

수도권지역과 비수도권지역의 차이점이 있다. 수도권에는 2기 신도시가 존재하지만, 비수도권에는 2기 신도시가 있을 수 없다. 설령 있다 해도 존재가치가 낮다. 존재감의 차이와 잠재성의 차이

고덕국제신도시 조감도

향남 지구 지도

가 바로 비수도권과 수도권의 차이인 것이다.

수도권 위성도시의 위상도 높아지고 있다. 경쟁력과 경제력이 높아지기 때문이다. 라이벌구도를 스스로 그려 경쟁력을 높인다. 빠른 속도로 지역경제가 진보한다. 경쟁력이 곧 경제력인 것이다.

그게 바로 잠재력의 강한 신호탄이다.

예 경강선의 광주:이천:여주의 경쟁구도와 서해안복선전철의 화성:평택의 경쟁구도. 하나는 향후, 화성인구 수준에 도달할 것이고, 하나는 수원, 고양인구 수준에 도달할 것이다. 수도권이라는 하나의 강한 모태가 신도시를 성장시키고 역세권의 미래를 책임질 수 있다. 즉 신도시 입지도 중요하고 역세권 입지도 상당히 중요하다. 비수도권의 신도시 역세권과 크게 대비된다.

신도시1번지는 무조건 경기도다

부동산 투자마니아들의 국토를 양분하는 방법은 단순하다. 역세권과 비역세권지역으로 나누는가 하면 간접역세권과 직접역세권으로, 신도시와 비신도시지역으로 양분한다. 한편으로는 경기지역과 비경기지역으로 나눌 수도 있다고 본다. 워낙 경기의 화력이 드세다 보니 가능한 시나리오다. 지방 사람들의 목표 및 미래가 곧 경기지역의 현재인 것이다.

부동산1번지가 강남지역이라면 신도시 및 역세권1번지는 경기지역으로 압축될 게 확실하다. 경기지역은 신도시 조건에 부합할 만한 상태이기 때문이다. 우선, 서울과의 높은 접근성은 여느 지역보다 특출나다. 경기 및 서울을 아우를 만한 조건을 가진 곳도 있는 게 사실이다. 그 좋은 예가 위례신도시다. 다양한 구조의 인구급증세 또한 경기의 강한 화력 중 하나일 게 분명하다. 전철효과와 역세권 효과의 극대화가 가능한 지역이 바로 경기도인 것이다.

지방에 없는 중첩규제(예 서울 및 경기, 인천에 대한 수도권정비계획법)에 따른 개발명분의 규제해제과정이 필요하다. 중첩규제와 더불어 중첩개발이 가능 및 용이한 곳이 경기지역이다. 역시 인구의 다양성이 바로 개발의 보증수표다. 개발 및 환경에 관한 타당성의 점도가 전국 최고 수준이다. 규제가 심하나, 규제해제도 많은 편이다. 신도시가 수도권에만 존속하는 건 아니나, 성공 만족도가 가장 높은 곳이 경기도다. 1기 신도시의 성공사례를 통해 2기 신도시의 선전(활약상)하는 모습도 기대되고 있다. 판교, 동탄, 운정, 위례, 광교, 한강, 양주신도시 등을 2기 신도시라고 말하나, 1기 신도시 효과 그 이상을 바라는 건 당연지사다. 그러나 형만 한 아우 없는 법이다.

개발의 필요성과 신도시의 필요성이 대두되는 상황이다. 역시 투자자들 개인마다 저마다 투자가치를 재해석하기 나름이다. 각자의 평가를 무시하면 안 된다. 신도시의 특징은 새롭다는 것 아닌가. 헌도시와의 차이점이 반드시 있기 마련이다.

신도시의 특징은 객관적인 면과 주관적인 면이 있다. 전자는 실수요 명분이 강하고, 후자는 투자자들이 인지할 필요가 있다. 2기 신도시의 특징과 1기 신도시의 특징이 같을 수 없다. 과거 1기 땐 전체적으로 인구가 풍족한 가운데 주택이 부족했지만, 지금의 2기 신도시는 상황이 바뀐 것이다. 공급과잉 상태라 아파트를 짓기 전에 미분양률을 걱정해야 할 상황이다. 2기 신도시와 1기 신도시가 다른 점은 그 성격이 다양성과 잠재성으로 함축된다는 점일 것이다. 전국이 일일생활권역에 예속되는 마당이라 가능하다. 서로 가깝다.

위례신도시는 서울 송파구 장지동, 거여동 및 경기 성남시 수정구 창곡동, 하남시 학암동 일대가 개발되고 있는 신도시다. 대형 그린벨트를 대대적으로 풀어 개발하는 것이다. 개발면적은 6백만m^2 이상이다. 위례신도시는 박근혜 정부 때 핵심적인 경제정책과 맞물려 아파트 분양가를 크게 올릴 수 있는 동력이 되었다는 중론이다. 가계빚 한도를 늘려 부동산거래 활성화를 시키는 경기부양책이 박 정부 핵심경제정책이었던 것이다. 위례신도시는 공영개발방식이 전면 도입된 최초의 신도시다. 국가 또는 공공단체가 민간의 토지를 매수하여 개발하는 방식이 곧 공영개발인 것이다.

다산신도시는 남양주 진건, 지금 공공주택지구의 통합브랜드명이며 보금자리주택을 원활히 건설하기 위한 배려다. 지금동, 도농동, 진건읍 배양리 일원을 개발한다. 2,713,716m^2 규모로 개발하여 31,892세대가 입주한다. 이는 9만 명 정도를 흡수할 만한 규모다. 사업기간은 2009년 12월~2018년 6월말이다. 경기도 화성시 청계동, 동탄면, 영천동, 오산동 일대에 들어선 동탄2신도시의 개발면적은 24,014,896m^2이고, 30만 명의 주거인구를 수용할 만한 규모다. 100만 거대도시를 향해 질주하는 화성시에겐 신도시 위상만큼 큰 위력은 없다.

충청남도 홍성군 홍북면 신경리와 예산군 삽교읍 목리를 중심으로 조성 중인 신도시도 있다. 내포신도시다. 조성면적은 9백만m^2를 넘는다. 총인구는 30,799명이고, 홍북면은 23,115명, 삽교읍 일대는 7000여 명이다.

배곧신도시는 경기도 시흥시 정왕동(1771-1번지)에 자리잡고 있는데, 조성면적은 4,907,148m^2으로 6만 명을 흡수할 만한 크기다. 인천검단신도시의 수혜지역은 서구 당하동, 마전동, 불로동, 원당동, 대곡동 일원이다.

송도신도시는 연수구 송도동(7번지) 일원이 수혜지다. 수용인원은 검단신도시가 18만 명 수준, 그리고 송도신도시는 부평구 수준인 60만 명을 흡수할 계획이다.

광교신도시는 경기도 수원시 영통구 이의동, 원천동, 하동과 용인시 수지구 상현동 일원에 조성된다. 관할구역은 수원시가 전체의 88%, 용인시가 나머지 12%를 관장한다. 최초 입주는 2011년 6월에 시작되었고, 도시의 완성시점은 주민 입주, 공공청사의 입주, 상업용지의 활성화 등 도시 기능의 완료는 2018년 이후로 내다보고 있다. 녹지율 41.7%, 주택용지비율 18.8%, 자족용지비율 27%로 인구밀도는 국내 신도시 중 최저 수준이다.

김포한강신도시는 김포시 장기동, 운양동, 구래동, 마산동 일원에 위치해 있는 $10,875,559\,m^2$ 규모의 신도시로 15만 명 이상을 흡수할 만한 상태다. 전국적으로 가장 많은 토지보상금이 풀리는 평택엔 평택고덕국제신도시가 입성한다. 입성지는 서정동, 모곡동, 정당동, 지제동, 고덕면 일원으로 14만 명을 수용할 계획이다. 오는 2020년 12월 완성된다. $13,431,640\,m^2$의 개발면적엔 6만 세대가 입주한다. 운정신도시는 파주시 동패동, 목동동, 야당동, 와동동 일원에 개발한다. 20만 명 이상을 수용한다는 계획이고, 8만 세대가 들어선다.

경기지역의 인구 증가요인

1. 계속 이어지는 서울 집값 불안

서울특별시의 평균 아파트분양가격은 6억 원을 넘은 가운데 여전히 집 투자자가 급증세다. 무리한 대출노선을 타는 바람에 집 투자 실패자가 대거 속출하고 있다. 즉 하우스푸어가 가장 많은 곳이 바로 서울이다. 가계대출 급증의 한 원흉이 바로 서울이다. 극소수 부자에겐 서울이 기회의 땅일 수 있으나, 대다수 서민들 입장에선 서울은 지옥의 땅일 수 있다. 자본력에서 훨씬 앞선 부자들에게 유리한 곳이 서울이다.

2. 경기지역 내의 강력한 투자자의 세력

실수요자가 급증하고 실수요 겸 투자자가 급증하나, 이 2가지

사안을 쉽게 목격할 수 있어 투자자가 대거 몰리는 것이다. 그러나 무시무시한 투자세력 하나만 보고도 새로운 투자자가 발생하기도 한다. 적극적으로 공격적으로 움직인다.

3. 다양한 교통망(철도와 고속도로의 힘)

서울과의 높은 접근성이 최대 강점이다. 접근성 면에선 경기세력이 금수저다. 도로 사정을 보고 미래를 관측하는 입장이다. 접근성이 높다면 지역 잠재성 또한 높을 수 있다.

전원 및 장수시대를 맞아 도시 및 전원생활 가능

전원주택의 약점인 낮은 접근성을 경기지역에서 해결할 수 있다. 전원주택1번지인 '물의 도시' 양평엔 총9개 역사가 다닌다. 산과 물을 찾는 유동인구가 급증할 만한 이유다. 그 유동인구가 곧바로 주거인구와 고정인구가 되는 경우도 의외로 많다. 등산을 즐기면서 자연스럽게 현장답사과정과 현장감을 제대로 정독한다. 자연스럽게 정밀한 답사가 되는 것이다.

양평 옆의 광주 역시 전원 및 도시생활이 가능한 경기지역 대표적 도농복합시이다. 지난 2016년 9월 개통한 경강선 덕에 4개 역사가 지나간다. 고용인구가 급증할 수 있고, 주거인구도 덩달아 늘어날 수 있는 상황이다. 광주 역시 서울과의 높은 접근성을 자랑한다. 인구 증가세가 꾸준히 늘어나 규칙적이고 안정적이다.

남양주시도 도시생활이 가능한 전원도시로 그 명성도가 높다. 경춘선과 경의중앙선을 통해 다양한 각도의 높은 접근도를 외부에 알리고 있다. 무엇보다 경기지역이 자랑하는 건 인구 증가세가 거침없다는 점일 것이다. 31개 경기지자체 모두가 인구가 증가하고 있다. 전체 인구가 적은 3개 군(가평, 연천, 양평) 역시 고정인구가 감소하지 않는다. 관광유동인구의 다양성 때문이다. 이들이 곧 고정인구가 될 확률이 높다. 역시 높은 접근성 때문이다.

수도권과 비수도권의 차이

수도권지역은 인구밀도가 높다. 인구 증가현상이 자주 일어나는 편이다. 서울대 등 명문대 입성을 희망하는 비수도권지역의 젊은 세력도 무시할 수 없는 변수다. 서울의 다양한 문화를 맛보려는 지방인들의 공격적인 모드를 감히 누가 막을 수 있을까.

비수도권지역 인구 밀도는 낮다. 인구 감소현상이 자주 발생하기 때문일 것이다. 그러나 (수도권이나 비수도권이나) 공실률이나 미분양은 수적으로 엇비슷하다. 난개발 현상이 비슷한 상태다. 이는 개발지역이 수적으로 지방이 열세이기 때문일 것이다.

수도권지역과 비수도권지역의 인구수는 대동소이하나, 인구의 질적 가치에선 다르다. 인구가치에 따른 부동산의 희소가치도 상이하다. 수도권의 희소가치는 높은 편이다. 수시로 잠재성이 발현해서다. 비수도권은 희소가치보단 존재가치가 더 높다. 다양성 때문이다.

　수도권지역과 비수도권지역의 가장 큰 특징은 차별성일 것이다. 높은 인구밀도와 폭증 현상, 그리고 가격 폭등 현상으로 말미암아 수도권지역엔 정비계획이 꼭 필요하다.(수도권정비계획법으로 인해 과밀억제권역, 성장관리권역, 자연보전권역이라는 특수한 새로운 루트의 권력이 존속한다). 인구밀도가 낮은 비수도권지역엔 정비계획이 필요하지 않다. 인구밀도가 낮아 중첩개발이라는 이슈는 그저 사치에 불과하다.

경기도 양평, 광주, 남양주 등이 주목대상인 이유

　경기도 화성 및 평택 등 젊은 공간이 일자리(산업단지의 영향력)의 등용문이라면 경기도 양평 및 남양주, 광주 등은 쉴자리, 놀자리(휴양단지)로 제격이다. 경기도 양평, 광주, 남양주 일대가 인기 있는 이유는 정원공간이 있어 전원생활 만족도가 높기 때문이다. 주변공간 활용도가 높다. 중소형부동산의 인기도가 높은 가운데 주변공간 활용도가 높은 것이다. 힐링공간을 적극적으로 모색한다.

　부동산의 접근성은 2가지로 점철될 것이다. 도시와의 높은 접근성과 시골과의 높은 접근성으로 말이다. 전자가 서울 및 거대도시(용인, 수원, 고양)에 해당하고, 후자는 양평이나 가평등지로 점철될 것이다. 경기도 땅에 사람들이 집중적으로 몰리는 이유는 장수 및 귀농귀촌시대를 맞아 도시와의 높은 접근성과 시골과의 높은 접근성 모두를 아우를 만한 조건에 부합하기 때문이다(귀농과 귀촌생활을 실패하여 집으로 되돌아오는 귀경인구가 경기도보단 지방오지에 몰려 있을 법하다).

건강장수시대를 맞아 접근성 높은 힐링공간을 원한다. 더불어 직주근접 소형부동산이 날로 인기가 높아질 것이다. 물론, 경기도 내에서 일어날 일이다. '물'의 도시와 직접적으로 연계되는 남양주, 광주, 양평등지의 인기는 계속 높아질 게 분명하다. 물호보지역에 사는 사람들은 해당 지역을 건강보호지역으로 인지할 것이다. 물 잘못 먹어 건강을 해치거나 죽는 경우가 얼마나 많은가. 물은 규제대상물이다. 그러나 그 속엔 인간의 무병장수를 기원하는 숨은 꾀가 잠재되어 있다고 본다.

인구 664,044명(2017.1월 현재)의 남양주는 신도시(다산신도시 등) 입지도 강하지만 교통(별내선)연계도 기대되는 입장이다. 대자연을 활용한 힐링공간의 프리미엄은 최고 수준이다. 군사시설보호 구역은 10% 안팎이나, 개발제한구역은 40%를 육박한다. 물의 도시답게 상수원특별대책지역은 42%를 넘게 차지하고 있다.

강원도 원주인구규모와 비슷한 경기도 광주(2017.6월 기준, 346,502명) 역시 교통 흐름이 원활해지면서 지역특성을 활용할 기회가 찾아왔다. 경강선과 연계되는 다양한 교통수단이 지역이미지를 극대화할 수 있는 또 다른 기회다. 광주는 수도권 동남부에 위치한 교통요충지로 청정도시다. 규제다발지역이다. 수도권에서 가장 살기 좋은 도시로 지속적으로 인구가 증가하고 있다. 평균적으로 매달 1000명씩 증가하고 있다. 수질오염총량관리계획으로 개발과 보존을 함께 요구하는 상황(환경정책기본법 등 각종 법규의 중첩규제)이다. 광주 전 지역이 자연보전권역(수도권정비계획법)에 해당하며 도척면 방도2리를 제외한 전 지역이 팔당호상수원수질보전특별대책지역1권역으로 지정되어 있다(99.3%). 광주 역시 군사시설보호구역면적은 1% 안팎으로 개발제한구역(25% 안팎) 대비 넓지 않다.

전원주택1번지 양평 인구는 112,889명(2017.1 기준)으로 유동인구 대비 저조한 편이다. 경기도 대표적 휴양레저도시인 만큼 관광인구와 유동인구 의존도가 높을 수밖에 없다. 입지활용도가 높다는 의미다. 난개발을 할 수 없는 상황이다. 면적은 서울의 1.5배 크기로 관내 1위에 랭크돼 있다. 대자연 규모가 큰 만큼 비경제활동 인구 규모 또한 크다. 20%를 넘는다. 경기도 광주엔 임야가 67%를 차지하나, 양평은 73%로 이 역시 도(道) 내 1위다.

부동산의 인기는 부동산의 인구와 관련 있다. 질과 관련 있다. 인구의 필요성과 실용성, 실효성이 쟁점이 될 게 분명하다. 그런 면에서 앞 세 지자체는 지자체 자체에서 필요로 하는 인구가 자연입지에 맞게 계속 증가일로를 달릴 것이다. 다양한 인구가 폭넓게 증가할 곳은 역시 신도시가 입성하는 남양주가 될 것이고, 비록 규모가 작지만 광주 역시 다양한 인구를 흡수할 만한 여건을 갖춘 곳이다.

양평은 경기도 대표적 물의 도시답게 휴양인구 흡수력만큼은 타의 추종을 불허한 수도권 최고의 힘을 자랑할 게 확실하다. 병자나 환자가 지방 오지를 향할 때 건강한 자들 중엔 건강을 지키기 위해 양평을 찾기 때문이다.

화성이나 평택이 부자도시지만 양평도 부자도시일 수 있다. 땅 주인 수준이 높다. 개별적으로 개발을 바라는 자가 많다. 다양성을 함유한 대형 휴양공간이 바로 양평이기 때문이다. 9개의 역사도 유동인구 흡수력을 높이는 데 한몫 단단히 하고 있다. 양평의 전원주택은 2가지로 접근한다. 하나는 주거용으로, 하나는 휴양용으로 말이다. 주거용부동산의 다양성을 엿볼 수 있는 대목으로 수익형 부동산으로 움직일 만한 전원주택도 있는 게 사실이다. 전원주택을 투자가치 대상으로 여기는 이유일 법하다. 힐링의 가치를 가격으로 승화하는 과정이 바로 전원주택 투자가치를 조율하는 과정인 것이다.

대표적인 물의 도시와 철의 도시

경기도 양평과 충청남도 당진은 각기 대한민국을 대표할 만한 물의 도시, 철의 도시로 점철되는 곳이다. 한곳은 관광단지가 들어오면 안성맞춤일 것이고, 또 한곳은 산업단지가 들어선 곳이다. 관광도시이자 산업도시로써 명성과 잠재력 높은 곳이다. 양평은 수도권 경의중앙선의 영향을 크게 받는 곳이지만, 당진은 서해선 합덕

역에 기대감이 크다. 유동인구 의존도가 높은 양평 대비 산업경제 활동인구에 의존할 수 있는 모토가 마련된 당진은 고정인구와 고용인구에 관한 기대감이 높다. 시 승격 이후 인구가 꾸준히 증가하고 있다.

산업동력인 고정인구에 지배를 받는 당진에 비해 양평은 자연의 도시답게 유동 및 관광인구에 대한 기대감이 큰 곳이다. 유동인구와 이동인구 수가 많다. 주변 산자락과 강 조망에 관한 즉, 자연경관에 관한 의존도가 매우 높다. 수도권의 높은 접근성과 자연이 모토가 된 곳이 양평이다. 여전히 자연이 숨 쉬는 곳이다. 접근도 높은 수도권 최고의 웰빙공간이다.

대자연과 더불어 선도 아름답다. 수서와 용문선(44km) 개발을 비롯한, 용문~춘천선(49km), 그리고 양평~이천고속도로사업 (21km) 등이 양평의 선을 더욱더 성숙하고 아름답게 만들 기틀이다. 수서와 용문선의 수혜지는 서울 강남구 수서동과 경기 양평군 용문면이다. 1조원 정도 투입하여 개발한다. 용문~춘천선 역시 1조원 정도 투입된다. 춘천시 근화동 일대와 양평군 용문면 일대가 수혜지역이다. 양평~이천고속도로사업 노선은 양평~광주~여주를 경유한다. 양평군은 물의 도시라지만 수도권 정비계획법에 의거해 기업체 수가 구성되었다. 물론, 작은 기업이 들어섰다. 총6,748개, 24,847명의 고정인구 및 고용인구를 확보하고 있다.

황해경제자유구역개발(규모 35,951,000㎡)에 기대감을 가질 만

당진~천안고속도로

한 당진은 서해선이 완공되고 나면 제2의 수도권 역할을 할 수도 있을 것이다. 오는 2020년 완공되는 당진~천안고속도로사업(43km)도 기대된다. 수혜지는 천안시 동남구 풍세면과 당진시 송악읍 일대다. 당진~아산~천안을 경유한다. 경제자유구역수혜지는 아산시 인주면과 당진시 송악읍 일대로 오는 2025년까지 개발한다.

철도와 도로 개발의 힘을 무시할 수 없다. 부동산 개발의 큰 장벽은 규제사안이다. 규제 강도와 그 범위가 골칫거리다. 그러나 철도와 도로 개발은 규제와 거의 무관하다. 규제로 인해 철도가 지나지 못하거나 도로가 막히는 경우는 없다. 건물(지상물) 등 입체적 공간(용적률과 건폐율 적용)의 제약을 받을 필요가 없기 때문이다. 지하철 노선이 지나는 곳에 설령, 규제사항이 포함되었더라도 지하철이 지나는데 영향을 받지 않는다. 건폐율과 용적률 적용 대상이 아니라서다. 다시 말해 철도 및 도로개발과 지상물 개발과는 다른 의미를 부여할 수 있다.

각종 지상물을 형성하는 입장에선 규제가 큰 문제다. 예를 들어 주거 및 상업, 업무시설은 도로나 철도와 달리 큰 규제를 받게 된다. 도로나 철도는 선(라인, 평면)에 불과하나, 지상물은 입체화된 모형이다. 용적률에 신경 쓰지 않을 수 없는 상황을 맞게 되는 것이다. 도로나 철도개발은 지상물(예 주거단지개발)의 큰 부속(기반시설) 역할을 담당한다. 도로 없는 주거 및 산업단지는 존재가치가 없을 테니까. 도로 없는 대형 주거공간은 마치 엘리베이터 없는 50층 높이의 주상복합아파트 모형과 같은 것이다.

양평이든 당진이든 장차 도로와 철도 성적표가 좋아질 것이다. 그 힘이 배가가 될 테니까. 양평이 강원도와 직접 연결되고 당진이 수도권역과 직접적으로 연결된다. 살기 좋은 일일생활권역 안에 들어가는 축복을 받는 것이다.

돈이 되는 부동산 독이 되는 부동산

펴낸 날	초판 1쇄 2018년 1월 20일
지은이	김현기
펴낸이	이금석
기획 · 편집	박수진, 박지원
디자인	김현진
마케팅	곽순식
경영지원	현란
펴낸 곳	도서출판 무한
출판등록	1993년 4월 2일 제3-468호
주소	서울 마포구 서교동 469-19
전화	02-322-6144 팩스 02-325-6143
이메일 안내	muhanbook7@naver.com
홈페이지	www.muhan-book.co.kr
가격	14,000원
ISBN	978-89-5601-362-6 03320